T0098776

CICÉRON

DISCOURS

SUR LA RÉPONSE DES HARUSPICES

COLLECTION DES UNIVERSITÉS DE FRANCE
publiée sous le patronage de l'ASSOCIATION GUILLAUME BUDÉ

CICÉRON

DISCOURS

TOME XIII

2e partie

SUR LA RÉPONSE DES HARUSPICES

TEXTE ÉTABLI ET TRADUIT

PAR

PIERRE WUILLEUMIER
Professeur à la Sorbonne

ET

ANNE-MARIE TUPET
Assistante à la Sorbonne

Deuxième tirage

PARIS
LES BELLES LETTRES
2002

Conformément aux statuts de l'Association Guillaume Budé, ce volume a été soumis à l'approbation de la commission technique, qui a chargé M. H. Le Bonniec d'en faire la révision et d'en surveiller la correction en collaboration avec M. P. Wuilleumier.

95 boulevard Raspail, 75006 Paris
www.lesbelleslettres.com

Première édition 1966

ISBN : 2-251-01065-3
ISSN : 0184-7155

INTRODUCTION

I. — LE DISCOURS

Le discours sur la réponse des haruspices fournit des indications précieuses et pose des problèmes délicats sur le plan politique, religieux et littéraire.

L'authenticité. Jugé apocryphe par quelques philologues [1], comme les trois autres discours prononcés au retour d'exil, il porte, en fait, autant sinon plus qu'eux [2], la marque de l'authenticité : attribué à Cicéron par Q. Asconius Pedianus, Quintilien [3] et tous les copistes, il reflète ses sentiments, ses pensées et ses expressions.

Le titre. Le titre reste plus contestable. Le singulier *responso* est donné par Asconius et utilisé six fois par Cicéron (§ 9 ; 10 ; 11 ; 18 ; 37 ; 60), qui n'emploie le pluriel qu'en trois passages (§ 29 ; 34 ; 61) pour désigner tantôt les différents points tantôt l'ensemble de la réponse ; aussi certains éditeurs et les derniers

1. Notamment J. Markland, *Remarks...*, Londres, 1745 ; M. Leopold, *De orationibus quattuor...*, Leyde, 1900.
2. Cf. P. Wuilleumier, Cicéron, *Discours*, XIII, 1, Paris, 1952, p. 22-23.
3. Asconius, *Comment.*, p. 55, 21 St. = § 61-62 Clark ; Quintilien, *Inst. Orat.*, V, 11, 42.

commentateurs l'ont-ils adopté [1]. Mais le pluriel *responsis* figure dans une citation de Quintilien comme dans tous les manuscrits, et il se retrouve, à propos d'une seule consultation, dans la *3e Catilinaire* comme dans le *De Diuinatione* [2] ; il semble donc préférable.

La date. Si le discours se rattache par le fond au *De domo sua*, prononcé le 30 septembre 57 [3], il est postérieur de plusieurs mois : tous les exégètes s'accordent à le placer en 56, mais ils hésitent entre la seconde quinzaine d'avril, la première de mai, le début de juin et le courant de septembre [4].

Un *terminus a quo* est fixé par le récit des jeux mégalésiens (4-9 avril), qui ont précédé de quelque temps l'annonce et l'interprétation des prodiges (§ 22-29). Deux autres, plus récents et connexes, sont suggérés par la brusque réconciliation de Clodius avec Pompée (§ 51-52), qui redoutait encore ses attaques en février [5], et par l'allusion à des dissensions et tractations (§ 55), qui vise apparemment les négociations de Lucques, menées par César, Pompée et Crassus vers le milieu d'avril [6] ; tenu dans l'ignorance de cette entrevue, Cicéron en apprit les résultats au début de mai [7] ; il avait quitté Rome le

1. Cf. J. O. Lenaghan, *A commentary*, Princeton, 1962, p. 1.
2. Cicéron, *Cat.*, III, 9 *ex fatis Sibyllinis haruspicumque responsis* (sur P. Cornelius Lentulus) ; 20 *illorum responsis* (en 63) ; *De Diu.*, I, 97 *deque his rebus haruspicum exstiterunt responsa uerissima* (en 63).
3. Cf. P. Wuilleumier, *op. cit.*
4. Cf. notamment P. Stein, *Die Senatssitzungen*, p. 42 ; 97-100 ; 110-111 ; M. Gelzer, *Klio*, 1939, p. 1-39 ; K. Kumaniecki, *Klio*, 1959, p. 135-152 ; J. O. Lenaghan, *op. cit.*, p. XXV-XXXIII ; E. Courtney, *Philologus*, 1963, p. 155-156.
5. Cicéron, *Ad Q. Fr.*, II, 3, 4.
6. Cicéron, *Ad Q. Fr.*, II, 5, 3. Plutarque, *Cés.*, 20 sqq. ; *Pomp.*, 51 ; Suétone, *Cés.*, 24 ; Appien, II, 17. Cf. Jér. Carcopino, *Histoire romaine*, p. 736-738.
7. *Ad Fam.*, I, 9, 9-10 ; *Ad Q. Fr.*, II, 5, 2.

9 avril, avec l'intention de n'y rentrer que le 6 mai [1], et rien ne prouve qu'il ait, comme on l'a prétendu [2], hâté son retour.

Inversement, l'histoire de Dion Cassius fournit, semble-t-il, un *terminus ante quem*, le retour de Caton, qu'elle fait intervenir dans une phase ultérieure de la rivalité entre Cicéron et Clodius [3], et qui, envoyé à Chypre en 58, avait laissé le gouvernement de l'île à son successeur, P. Cornelius Lentulus Spinther, avant la mi-juillet [4]. A ce critère peuvent s'ajouter deux arguments *ex silentio*. D'une part, si l'orateur évoque le premier assaut de P. Clodius contre sa maison le 3 novembre 57 (§ 15 ; 33 ; 39) [5], il ne mentionne pas le second, que, d'après Dion Cassius [6], Milon repoussa, sans doute en son absence [7], probablement au mois de juin. D'autre part, il attaque vivement l'administration proconsulaire d'A. Gabinius et de L. Calpurnius Piso (§ 3-4 ; 35), sans signaler que le Sénat refusa au premier, le 15 mai, l'honneur de supplications, alors qu'il s'en réjouit ailleurs [8] ; une telle omission semble impliquer que le discours est antérieur à cette séance.

Il se placerait alors entre le 6 et le 14 mai. De fait, ce mois impair conviendrait mieux que celui de juin à la présidence probable du consul Cn. Cornelius Lentulus Marcellinus (§ 2 ; 21-22), qui devait alterner avec son collègue plus jeune, L. Marcius Philippus [9]. Rien n'exclut

1. *Ad Q. Fr.*, II, 5, 4.
2. L.-A. Constans, Cicéron, *Correspondance*, II, Paris, 1935, p. 116 ; J. Cousin, Cicéron, *Discours*, XV, Paris, 1962, p. 152.
3. Dion Cassius, XXXIX, 22, 1.
4. Cicéron, *Ad Fam.*, I, 7, 4.
5. Cf. *Ad Att.*, IV, 2, 5 ; 3, 2.
6. Dion Cassius, XXXIX, 20, 3.
7. Cf. *Ad Att.*, IV, 7, 3.
8. *Ad Q. Fr.*, II, 6, 1 ; *De Prou. Cons.*, 14 ; 25 ; *In Pis.*, 45.
9. Cf. P. Stein, *op. cit.* ; T. R. S. Broughton, *Mem. Amer. Acad. Rome*, XIX, 1949, p. 10-11 ; J. O. Lenaghan, *op. cit.*, p. xxv ; E. Courtney, *Philol.*, 1963, p. 156.

la possibilité d'une séance sénatoriale pendant cette période, où une activité judiciaire est attestée[1].

L'évolution de la situation politique et de l'attitude cicéronienne, que reflète la comparaison du *De haruspicum responsis* avec des lettres et d'autres discours, échelonnés de mars à septembre, tend à confirmer cette date.

La situation politique. La situation politique a connu de profonds bouleversements dans le premier semestre de 56[2]. A la fin de 57, pour échapper à une accusation *de ui* intentée par Milon, Clodius briguait l'édilité ; mais Milon s'opposait par l'*obnuntiatio* à la réunion des comices[3], et les deux consuls désignés avaient l'intention d'ouvrir le procès avant les élections[4].

Survint l'affaire de Ptolémée XIII Aulète : déchu et chassé d'Égypte en 58, ce roi ne cessait d'intriguer auprès des Romains et surtout de Pompée pour se faire rétablir sur le trône. Sa sœur et rivale Bérénice envoya en 57 une ambassade, dont le chef, Dion, fut empoisonné chez son hôte, le pompéien L. Lucceius (§ 34). Invoquant des coups de foudre, le tribun C. Cato demanda la consultation des livres sibyllins. L'oracle rendu par les quindécemvirs, dont Clodius faisait partie (§ 26), interdit de rétablir Ptolémée par une expédition armée ; il écartait par là Pompée, à la satisfaction des sénateurs, inquiets et jaloux de son pouvoir et de son ambition[5].

Ayant ainsi fait le jeu de l'aristocratie (§ 46 ; 50), Clodius obtint l'édilité le 20 janvier 56[6]. Il s'empressa

1. Une assignation de Milon : *Ad Q. Fr.*, II, 5, 4.
2. Cf. Jér. Carcopino, *op. cit.*, p. 731 sqq.
3. Cicéron, *Ad Att.*, IV, 3, 3-5.
4. *Ad Q. Fr.*, II, 1, 2.
5. Cicéron, *Ad Fam.*, I, 1-2 ; *Ad Q. Fr.*, II, 2, 3 ; *Pro Cael.*, 23-4 ; 51-2 ; *Pro Rab. Post.*, 2. Dion Cassius, XXXIX, 15-16.
6. Cicéron, *Ad Q. Fr.*, II, 2, 2 ; *Ad Fam.*, I, 9, 15.

d'accuser à son tour Milon *de ui* devant le peuple les 2, 7 et 17 février, en attaquant et en ridiculisant son défenseur Pompée (§ 50), qui fut de même harcelé au Sénat et qui, devant l'hostilité générale, craignant même pour sa vie, s'entoura d'une garde [1].

De son côté, César, entraîné dans la guerre des Gaules, voyait son proconsulat menacé par l'action de l'aristocratie sénatoriale, qui commença par remettre en cause sa loi agraire de 59 sur le partage de l'*ager Campanus* au profit des vétérans [2] : soulevée en décembre 57 [3], la question fut reprise le 5 avril 56 [4] et un sénatus-consulte fixa au 15 mai la discussion d'un rapport consulaire [5].

En butte à cette double manœuvre, Pompée et César réagirent aussitôt en resserrant les liens qui les unissaient à Crassus depuis juillet 60 : les accords de Lucques, conclus vers la mi-avril, partagèrent le pouvoir et le monde entre les triumvirs. Ce coup de théâtre provoqua la division et l'affaiblissement des *optimates* : de nombreux magistrats et sénateurs se rendirent à Lucques pour faire leur cour à César ; d'autres se rallièrent à Pompée ; certains misèrent sur Clodius (§ 46), lui-même réconcilié avec Pompée (§ 51-52) et devenu le porte-parole des triumvirs ; les opposants furent réduits au silence et à l'impuissance.

L'attitude de Cicéron. Dans cette crise de régime, Cicéron fut partagé entre divers sentiments, que reflète le discours : le souci de ses intérêts matériels et de son prestige politique, la haine de Clodius et de ceux qui pactisaient avec lui, son amitié pour Pompée et sa crainte de César, ses origines équestres et ses tendances

1. *Ad Q. Fr.*, II, 3, 2-4.
2. *Ad Att.*, II, 16.
3. *Ad Q. Fr.*, II, 1, 1.
4. *Ibid.*, II, 5, 1.
5. *Ad Fam.*, I, 9, 8.

aristocratiques, son désir de concorde et son patriotisme. Désirant avant tout recouvrer la pleine jouissance de ses biens, confisqués pendant son exil et convoités par ses adversaires, il stigmatise les violences de Clodius et appuie les accusations de Milon [1]. Dans l'affaire égyptienne, il presse Pompée de ne pas sacrifier sa dignité aux ambitions de son entourage [2]. Après l'élection de Clodius, dont il dénonce l'alliance avec l'aristocratie sénatoriale, il félicite Pompée de défendre Milon, mais s'abstient de le soutenir « pour ne pas déplaire aux gens de bien » [3]. Puis, il remporte sur Clodius les trois victoires du *Pro Bestia* le 11 février, du *Pro Sestio* le 14 mars et du *Pro Caelio* le 4 avril. Le 5 avril, c'est lui qui propose et fait adopter le sénatus-consulte relatif à l'*ager Campanus* [4]. Il semble avoir retrouvé son prestige d'antan ; il croit pouvoir partir tranquille le 9 avril, après avoir rendu visite à Pompée.

Les événements se précipitent en son absence. Pompée, qui l'avait berné en lui annonçant un voyage en Sardaigne, se rend à Lucques, d'où il lui envoie l'ordre de rester coi le 15 mai [5]. A l'annonce de prodiges, vers la mi-avril, on consulte les haruspices, qui incriminent un certain nombre de profanations, imputables en particulier à Pompée et à Cicéron [6]. Dans un discours au peuple (§ 8 ; 51-2), Clodius, poussé sans doute par César, détourne les griefs de Pompée par un éloge inattendu et les concentre sur Cicéron, dont la maison avait

1. *Ad Att.*, IV, 3 ; *Ad Q. Fr.*, II, 1, 2-3.
2. *Ad Fam.*, I, 1-2 ; *Ad Q. Fr.*, II, 2, 3.
3. *Ad Q. Fr.*, II, 3, 2-4 ; *Ad Fam.*, I, 9, 15.
4. *Ibid.*, I, 9, 8. Contestée par J. P. V. D. Balsdon, *Journ. Rom. Stud.*, XLVIII, 1957, p. 18-20, son intervention a été confirmée par D. Stockton, *Trans. Proc. Amer. Phil. Assoc.*, XCIII, 1962, p. 471-489.
5. *Ad Q. Fr.*, II, 6, 2 ; *Ad Fam.*, I, 9, 9-10.
6. Cf. *infra*, p. 16.

abrité pendant son exil une chapelle de la Liberté [1]. Le Sénat charge les consuls d'un rapport sur la question (§ 11 ; 14 ; 30) ; la malveillance de certains *optimates* envers Cicéron est confirmée par trois lettres de septembre-octobre 57 et de juin 56, où il les accuse d'être jaloux et envieux de ses propriétés [2]. Ainsi peut s'expliquer en grande partie son ralliement aux triumvirs, qui ont dû lui garantir en échange « la tranquille possession de ses biens » [3].

Mais le discours ne marque encore que le début de son revirement : il dénonce les calomnies et les intrigues ; il stigmatise la collusion aveugle de certains sénateurs avec Clodius, naguère contre Pompée, maintenant contre lui-même, et lance contre son adversaire un violent réquisitoire [4] ; il prêche l'union entre tous « les meilleurs citoyens », aristocrates et triumvirs ; il félicite Lentulus et loue Pompée, mais reste froid envers César ; il rejette sur Clodius la responsabilité des dissensions pour le séparer des uns et des autres. Entre le 21 et le 24 mai, le ton change : Cicéron appuie et contresigne le sénatus-consulte qui attribue à César dix légats et la solde de son armée [5]. Puis, après une série de jours dits comitiaux, où, en principe, le Sénat ne siégeait pas [6], du 25 au 31 mai, il prononce en juin, avant [7] ou après [8] un séjour à Antium,

1. Cf. P. Wuilleumier, *op. cit.*, p. 15-16.
2. *Ad Att.*, IV, 1, 8 ; 2, 5 ; 5, 2 *qui uillam me moleste ferunt habere..., qui domum negant oportuisse me aedificare, uendere aiunt oportuisse.* Si *uillam* semble bien désigner le *Tusculanum*, *domum* peut se rapporter à la maison du Palatin : cf. *ibid.*, IV, 2, 7 *domus aedificatur... reficitur Formianum... Tusculanum proscripsi.*
3. Van den Bruwaene, *L'Antiq. Class.*, XVII, 1948, p. 85.
4. Atténué à tort par K. Kumaniecki, *loc. cit.*, p. 145.
5. *De Prou. Cons.*, 28 ; *Pro Balbo*, 61 ; *Ad Fam.*, I, 7, 10. Plutarque, *Cés.*, 21.
6. Cf. P. Stein, *op. cit.*, p. 41, n. 218. O' Brien Moore a relevé un certain nombre d'exceptions, *Real Enc.*, *Suppl.*, VI, s. u. *senatus*, col. 702-703.
7. L.-A. Constans, *op. cit.*, p. 117-118.
8. J. Cousin, *op. cit.*, p. 173.

le *De prouinciis consularibus* ; si l'on y retrouve maintes idées ou expressions du *De haruspicum responsis*, cette harangue constitue, par l'éloge dithyrambique de César et l'appel pressant au maintien de son commandement, la manifestation éclatante de la « palinodie » dont Cicéron rougit lui-même dans une lettre contemporaine [1]. Enfin, dans le *Pro Balbo*, postérieur de quelques mois [2], il justifie son attitude et critique celle des intransigeants au nom de la concorde nationale et de l'opportunité politique.

La consultation des haruspices. Cependant, notre discours a un fondement religieux. Les prodiges annoncés comportaient un grondement avec un bruit d'armes dans la campagne latine, aux environs de Rome (§ 20 ; 62) et un tremblement de terre à Potenza, dans le Picenum (§ 62) [3]. Bien que ces phénomènes fussent assez fréquents [4], le Sénat [5] exploita le premier à des fins politiques en consultant les haruspices, comme il l'avait fait à maintes reprises contre les chefs démagogues, C. Gracchus en 121, le tribun Sex. Titius en 99, Marius en 87, Carbon en 84, Catilina en 65 et 63 [6].

La réponse de 56 est la seule qui nous soit parvenue, grâce à Cicéron, sous la forme originelle et à peu près

1. *Ad Att.*, IV, 5, 1.
2. J. Cousin, *op. cit.*, p. 233.
3. Dion Cassius, XXXIX, 20, y ajoute une traînée lumineuse dans le ciel et des coups de foudre.
4. Sur les bruits d'armes, qui se produisaient dans le ciel, cf. notamment Cicéron, *De Diu.*, I, 97 ; Tite-Live, XXXI, 12 ; Virgile, *Géorg.*, I, 474 ; Tibulle, II, 5, 73 ; Lucain, *Phars.*, I, 569. Sur les tremblements de terre, Tite-Live, III, 10 ; IV, 21 ; XXX, 2 ; 38 ; Virgile, *Géorg.*, I, 475 ; Lucain, *Phars.*, I, 562.
5. Et non Clodius, comme l'imagine à tort Van den Bruwaene, *loc. cit.*, p. 85. Cf. Cicéron, *De Leg.*, II, 21 *prodigia, portenta ad Etruscos haruspices, si senatus iussit, deferunto.*
6. Appien, I, 105 ; 326 ; 359 ; Obsequens, 46 ; Cicéron, *Cat.*, III, 9 ; 19-20.

intégrale [1]. Après avoir entériné le prodige (§ 20), les haruspices déclarèrent qu'une expiation était due aux divinités offensées, Jupiter, Saturne, Neptune, Tellus et les dieux célestes (§ 20) [2] ; ils relevèrent cinq sacrilèges : négligence et souillure dans l'exécution des jeux (§ 21), profanation de lieux sacrés et cultuels (§ 30 ; cf. 9), meurtre d'ambassadeurs au mépris des lois humaines et divines (§ 34), violation de la foi et des serments (§ 36), négligence et souillure dans des cérémonies antiques et secrètes (§ 37) ; ils lancèrent quatre avertissements : éviter « que la discorde et la dissension des meilleurs citoyens n'attirent sur les sénateurs et les dirigeants des meurtres et des périls et ne les privent de secours de la part des dieux, ce qui ferait passer l'État au pouvoir d'un seul, amènerait la défaite de l'armée et la diminution des forces » (§ 40), « que des projets secrets ne nuisent à la république » (§ 55), « que de nouveaux honneurs ne soient accordés à des hommes pervers et exclus » (§ 56), « que le fondement de la république ne soit bouleversé » (§ 60).

Sans être aussi complets, quelques textes relatifs à d'autres réponses présentent des analogies manifestes : ainsi, les haruspices estimaient en 172 qu'un heureux prodige annonçait « l'extension des frontières et l'anéantissement des ennemis » [3] ; inversement, ils prédisaient en 152 « la mort des magistrats et des prêtres » [4], en 126

1. Cf. R. Bloch, *Les prodiges*, p. 49 sqq. Seul manque le détail des expiations, qui n'intéressait pas Cicéron.

2. Ce groupement est exceptionnel : la présence insolite de Saturne entre les divinités du ciel, de la mer et de la terre pourrait venir de la religion étrusque, ou de l'astrologie qui attribuait à son astre des éclairs particuliers, d'après Pline, *H. N.*, II, 139.

3. Tite-Live, XLII, 20, 2 *prolationemque finium et interitum perduellium portendi responderunt.*

4. Obsequens, 18 *cumque aruspices respondissent magistratuum et sacerdotum interitum fore.*

« une sédition »[1], en 97 « des discordes »[2], en 65 « des massacres et des incendies, l'anéantissement des lois, la guerre civile et domestique, la ruine totale de la ville et de l'empire »[3] ; d'autre part, l'érudit byzantin Lydus a transcrit en grec un calendrier brontoscopique d'origine étrusque, traduit en latin par Nigidius Figulus, où est dénoncée à maintes reprises « la dissension des grands », « risque de tyrannie »[4] — document d'autant plus intéressant, que, selon l'hypothèse de M. A. Piganiol, P. Nigidius Figulus, « pythagoricien et mage », auteur d'un traité sur les dieux et défenseur acharné de la république[5], a pu inspirer le texte de 56. Ainsi, les réponses des haruspices contenaient des formules stéréotypées, favorables aux intérêts de l'aristocratie sénatoriale.

Celle de 56 pouvait viser, plus ou moins ouvertement, tous ses adversaires : les triumvirs, Pompée en particulier, revêtu de l'*imperium maius* (§ 40)[6] et ami de L. Lucceius chez qui le chef de l'ambassade alexandrine avait trouvé la mort (§ 34) ; P. Clodius, l'agent de César, réconcilié avec Pompée (§ 51-52), instigateur des désordres aux jeux mégalésiens (§ 22-29) ; P. Vatinius, qui, après un premier échec, partageait avec lui l'édilité et aspirait à la préture (§ 56) ; Cicéron, enfin, dont la maison suscitait le blâme et l'envie.

1. *Ibid.*, 29 *prodigium aruspicum responso seditionem... portendit.*
2. *Ibid.*, 48 *portendere discordias.*
3. Cicéron, *Cat.*, III, 19-20 *caedes atque incendia et legum interitum et bellum ciuile ac domesticum et totius urbis atque imperi occasum appropinquare dixerunt... ac se sperare dixerunt... fore ut ea consilia quae clam essent inita contra salutem urbis atque imperi inlustrarentur.*
4. Lydus, *De Ostentis*, 27-38 ἐκ διχονοίας τῶν κρατούντων... τύραννος ἀναστήσεται. Cf. A. Piganiol, *Studies... in honour of A. C. Johnson*, Princeton, 1951, p. 79 sqq.
5. Cicéron, *Ad Q. Fr.*, I, 2, 16.
6. *Ad Att.*, IV, 1, 7 *Messius ... qui omnis pecuniae dat potestatem et adiungit classem et exercitum et maius imperium in prouinciis quam sit eorum qui eas obtineant.*

L'argumentation de Cicéron. Obligé de répondre aux insinuations des *optimates* et aux attaques de Clodius (§ 10), Cicéron trouve au Sénat une ambiance peu favorable. La veille avait été discutée une plainte des publicains contre le gouverneur de Syrie, A. Gabinius, sur la perception des impôts (§ 1 ; 3 ; 7 ; 17) ; si ces revendications financières lui avaient paru dans un autre cas injustifiées et déplacées [1], il les approuvait et les appuyait sans réserves contre un de ses adversaires (§ 60) [2]. Stimulé par la présence de nombreux chevaliers, il s'était emporté contre Clodius, qui soutenait Gabinius, jusqu'à le menacer de poursuites judiciaires immédiates (§ 1 ; 7) — attitude surprenante à l'égard d'un édile en exercice ; le seul précédent connu concerne une affaire de mœurs [3]. Les sénateurs s'étaient partagés et certains avaient désapprouvé l'arrogance et l'insolence de Cicéron (§ 3 ; 17).

Soucieux de dissiper cette animosité, il commence par expliquer son attitude, comme il l'avait fait dans le *De domo sua.* Il reprend ses attaques habituelles contre les deux consuls de 58, responsables de son exil, A. Gabinius et L. Calpurnius Piso (§ 2-4) [4], en leur opposant habilement ceux de 56 et en particulier Cn. Lentulus. Il rappelle les crimes de Clodius, invoque contre lui l'autorité de P. Servilius Vatia Isauricus (§ 2) [5] et le voue à la vengeance de T. Annius Milo (§ 6-7) [6].

1. En 61, pour la province d'Asie : *Ad Att.*, I, 17, 8-9.
2. Cf. *De Prou. Cons.*, 10-12 ; *In Pis.*, 41 ; *Pro Planc.*, 35 ; *Ad Q. Fr.*, III, 2, 2.
3. Valère-Maxime, VI, 1, 7 ; Plutarque, *Marc.*, 2.
4. Cf. *Sen.*, 13-15 ; *Dom.*, 23 ; *De Prou. Cons.*, 2.
5. Cf. *De Prou. Cons.*, 1.
6. Cette prédiction pourrait paraître suspecte ; mais elle figure déjà dans une lettre de 57, *Ad Att.*, IV, 3, 5 *reum Publium, nisi ante occisus erit, fore a Milone puto ; si se uel in turba ei iam obtulerit, occisum iri ab ipso Milone uideo.*

Puis il riposte au récent discours de son ennemi, en y rattachant l'avis des haruspices sur la profanation de lieux sacrés (§ 8-16) ; après avoir évoqué une fois de plus le sacrilège commis par Clodius lui-même aux mystères de la Bonne Déesse en décembre 62 (§ 8-9 ; 12 ; cf. 37-39) [1], il déclare que sa propre maison a été affranchie de toute consécration religieuse par plusieurs jugements. De fait, l'assemblée du peuple vota, le 4 août 57, la restitution de ses biens ; les pontifes estimèrent, le 30 septembre, que « si celui qui déclarait avoir consacré le terrain n'en avait été nommément chargé ni par un vote des comices ni par un plébiscite, si aucun vote des comices ni plébiscite ne l'y avait invité, il paraissait qu'on pouvait, sans enfreindre une interdiction religieuse, acheter et restituer ce terrain » ; le Sénat chargea les consuls, les 1-2 octobre, de veiller à la reconstruction de la maison aux frais de l'État ; une commission fixa le montant des dommages à 2.000.000 de sesterces [2] ; enfin, le Sénat décida, sans doute le 14 novembre [3], que le coup de main mené par Clodius le 3 novembre tombait sous le coup de la loi *de ui*, puis, en 56, peut-être le 9 février [4] ou vers la fin d'avril [5], qu'une nouvelle attaque serait assimilée à un crime contre la république (§ 15). Si ces décisions donnaient à Cicéron la caution de l'État, la casuistique religieuse pouvait encore discuter sur le fond de l'affaire. L'orateur enchaîne par l'expression de sa gratitude, avoue un léger penchant à la vanité et fait appel à l'indulgence (§ 17).

1. Cf. P. Wuilleumier, *op. cit.*, p. 7.
2. *Ibid.*, p. 20-22.
3. *Ad Att.*, IV, 3, 3.
4. J. O. Lenaghan, *op. cit.*, p. 98, d'après *Ad Q. Fr.*, II, 3, 3 *ea quae facta essent a.d. VII Id. Febr. contra rem publicam esse facta.* Mais c'est Pompée que Clodius avait attaqué le 7 février.
5. E. Courtney, *Philol.*, 1963, p. 155, d'après *Ad Att.*, IV, 7, 3 ; Dion Cassius, XXXIX, 20, 3. Mais Cicéron ne présente pas le décret comme récent.

Après ce long plaidoyer, qui se poursuit encore par une profession de foi religieuse (§ 18-19), il passe au réquisitoire, en commentant point par point la réponse des haruspices, d'abord sur les sacrilèges (§ 20-39), puis sur les avertissements (§ 40-63), et en les appliquant tous à Clodius. Parmi les premiers, il retient avant tout la profanation des jeux (§ 21-27), pour brosser une fresque brillante des *ludi Megalenses*, émaillée de termes rituels et de souvenirs historiques, et pour dénoncer violemment l'attitude de l'édile aux dernières représentations dramatiques, y opposer celle du consul, évoquer devant les yeux de l'aristocratie le spectre des esclaves envahissant les rues et les théâtres [1] à l'appel d'un magistrat — alors qu'il n'y faisait même pas allusion dans une lettre du 9 avril [2] ; et il y rattache habilement — avec la même exagération — les mesures prises en 58, pendant le tribunat de Clodius, contre le sanctuaire de Cybèle à Pessinonte et contre son protecteur, le roi Déjotaros, fidèle allié du peuple romain (§ 28-29).

Il reprend ensuite la question des lieux profanes et sacrés (§ 30-33), où il se sent moins à l'aise et multiplie les effets de rhétorique pour cacher son embarras : faisant alterner la défense et l'attaque, il conteste à nouveau la consécration de sa maison à la Liberté ; il affirme que Clodius garde une chapelle obstruée sous la sienne, que celle de son frère, App. Claudius, recouvre un ancien dépôt de Tellus (§ 31) [3], que L. Calpurnius Piso vient de démolir un sanctuaire gentilice de Diane sur le mont

1. S'il s'agit bien de deux théâtres différents au Palatin, l'un pouvait se trouver sur la plate-forme du temple, l'autre sur la pente de la colline : cf. J. A. Hansen, *Roman theater-temples*, Princeton, 1959, p. 85, n. 2.

2. *Ad Q. Fr.*, II, 5. L'*In Pis.*, 89 ne vise que les *uenationes*.

3. L'allusion est vague, le texte incertain et le sens discuté. D'une part, S. Weinstock, *Real Enc.*, s. u. *Terra mater*, col. 805, pensait à la maison de Q. Cicéron aux Carènes et donnait au verbe

Caelius et que Sex. Atilius Serranus — le tribun qui s'était opposé à son rappel en janvier 57 [1] — a fait de même ailleurs.

Le point suivant concerne l'assassinat d'ambassadeurs (§ 34-35) : tout en admettant l'opinion courante qu'il s'agit des Alexandrins, Cicéron cherche encore à semer le doute dans les esprits en signalant le meurtre de deux Grecs, dont l'un, Théodosios de Chio, avait pour adversaire un complice de Clodius et l'autre, Plator de Dyrrachium, fut mis à mort par le médecin de son hôte, L. Calpurnius Piso [2].

« La violation des serments » laisse l'orateur perplexe ; il n'en propose pas moins de l'appliquer aux juges qui acquittèrent Clodius après le scandale religieux de 62 (§ 36) [3]. De même, il rapporte sans hésiter à cette affaire « la profanation de cérémonies antiques et secrètes », en s'appuyant sur les termes employés alors par Cn.

aperire la valeur religieuse d'une ouverture rituelle (cf. Servius, *ad* Virgile, *Én.*, III, 12 *hodie quoque penus Vestae claudi uel aperiri dicitur*) ; mais, comme l'a montré E. Courtney, *Class. Rev.*, 1960, p. 98-99, c'est la maison d'App. Claudius qui semble visée par le ton du passage et par les analogies avec deux lettres (*Ad Att.*, IV, 2, 3 *nuntiat... pontifices secundum se decreuisse* ; *Ad Fam.*, VIII, 12, 3 *coepi sacellum in domo quod est ab eo petere*), et le sens habituel de « mettre à découvert » paraît confirmé par le verbe suivant *patuisse*. D'autre part, derrière la mauvaise leçon des manuscrits, *acmentarium*, K. Latte, *Röm. Religionsgesch.*, Munich, 1960, p. 389, n. 2, a proposé de lire *augmentarium* ; mais la correction de Mommsen, *magmentarium*, s'accorde mieux avec un passage, lui-même corrompu, de Varron, *De L. L.*, V, 112 : cf. J. Collart, *Édit.*, Paris, 1954, p. 74 ; 217. La curatelle exercée par Cicéron sur le temple de Tellus est mentionnée encore dans une lettre de septembre 54, où elle est étendue au portique de Catulus : *Ad Q. Fr.*, III, 1, 14. Assez peu répandu à l'époque républicaine, ce genre de fonction annonce les charges impériales de *curatores operum publicorum* : cf. Kornemann, *Real Enc.*, s. u. *cura*, col. 1761 sqq.

1. Cf. P. Wuilleumier, *op. cit.*, p. 19.
2. Cf. *In Pis.*, 83.
3. Cf. P. Wuilleumier, *op. cit.*, p. 7.

Lentulus et en réfutant l'objection de l'acquittement par une dissertation philosophique sur les châtiments divins (§ 37-39), qu'il devait reprendre peu après dans le discours contre Pison [1].

Après les crimes religieux viennent les avertissements politiques (§ 40-63). Voyant dénoncer « la discorde et la dissension des meilleurs citoyens », Cicéron s'attache surtout à en rejeter la faute sur Clodius. L'opposant à Tib. et à C. Gracchus, à L. Appuleius Saturninus et à P. Sulpicius Rufus, qui, malgré leurs défauts, avaient au moins du caractère, il le montre veule et dépravé, faux et malfaisant, versatile et forcené, semant la brouille et en profitant ; il énumère les turpitudes de sa vie et de sa carrière ; il stigmatise surtout son tribunat, dont il dit avoir été victime en même temps que la république ; il souligne que ses menaces ont fait trembler Pompée, dont le dénigrement a précédé l'éloge ; il s'étonne que « de bons citoyens » aient « réchauffé dans leur sein cette vipère », dont les morsures vont se retourner contre eux (§ 50-52). Ce long développement est suivi d'un rapide commentaire sur les dangers « des discordes et des haines actuelles entre les meilleurs citoyens » (§ 53-55) ; si l'orateur, gêné, passe vite et précise peu, il distingue, comme dans deux lettres contemporaines [2], « ceux qui ont moins de forces » et « ceux qui ont plus de pouvoir » — les aristocrates et les triumvirs — et il les presse de s'unir. Mais il revient aussitôt à Clodius pour lui attribuer les « projets secrets et nuisibles à la république » (§ 55), qui devaient dépasser le cadre de sa personne et concerner les négociations de Lucques.

1. *In Pis.*, 46-47 ; 50.
2. *Ad Att.*, IV, 5, 2 *qui nihil possunt... qui possunt* ; *Ad Fam.*, I, 7, 10 *qui plus opibus, armis, potentia ualent perfecisse tamen mihi uidentur stultitia et inconstantia aduersariorum ut etiam auctoritate iam plus ualerent.* Cf. aussi *Pro Sest.*, 42 ; *In Pis.*, 75.

La recommandation suivante tendait à « refuser de nouveaux honneurs à des hommes pervers et exclus » (§ 56-59) ; si l'orateur réserve encore le premier terme à Clodius dans un réquisitoire enflammé, il laisse entendre que le second désigne P. Vatinius, qui ne pouvait obtenir ni les suffrages de sa propre tribu rustique, la Sergia, ni ceux de la tribu urbaine Palatina favorable aux *populares*, et dont les jeux de gladiateurs avaient soulevé de violentes protestations (§ 56) [1] ; mais il prend soin de ne pas le nommer, pour ne pas déplaire aux triumvirs qui le soutenaient et qui devaient bientôt obliger Cicéron à prendre sa défense [2].

Commentant enfin la dernière prescription de veiller à la stabilité de la république, le patriote brosse un sombre tableau de la situation et, se faisant le porte-parole des dieux, il lance un appel à la concorde (§ 60-63).

Intérêt littéraire. Sans avoir autant de valeur littéraire que d'autres discours, le *De haruspicum responsis* ne manque pas d'intérêt. La diversité de ton et de style exclut la monotonie. Pour convaincre, l'orateur construit des raisonnements rigoureux, bien charpentés ; il accumule les arguments, les phrases, les mots et les sons. Pour émouvoir, il répand une atmosphère religieuse en usant de nombreuses expressions rituelles, il prend une voix ample et solennelle, prophétique et pathétique. Pour frapper, il assène tous les traits de l'invective, l'injure et le mépris, le sarcasme et l'ironie, en les aiguisant par l'image et la métaphore, le jeu de mots et l'allitération. Pour distraire, il esquisse des figures de marionnettes et des scènes de comédie.

1. Cf. *Pro Sest.*, 114 ; *In Vat.*, 36. Macrobe, *Sat.*, II, 6, 1 *lapidatus a populo Vatinius cum gladiatorium munus ederet.*
2. En 54 : cf. *Ad Fam.*, I, 9, 4 ; *Ad Q. Fr.*, II, 15, 3.

Ainsi, ce discours illustre le talent d'un avocat, qui connaît aussi bien l'art du plaidoyer que celui du réquisitoire, qui manie avec dextérité les thèmes philosophiques ou littéraires, les idées religieuses, les sentiments patriotiques et les conceptions politiques, qui prépare les revirements, évite les écueils et pratique les allusions, qui détourne l'attention d'un homme ou d'un sujet pour la concentrer sur un autre, qui mêle l'humilité à l'orgueil, la flatterie au dédain, la modération à la violence, la satire à l'indignation. Ses accents ont toutefois une résonance moins profonde et moins durable que dans les discours inspirés par la cause de l'État plus que par l'intérêt personnel.

II. — LA TRADITION

Principaux manuscrits. Mentionné par Asconius Pedianus et par Quintilien [1], utilisé par Valère-Maxime et par Arnobe [2], le *De haruspicum responsis* nous a été transmis, comme les trois discours de 57 [3], par un certain nombre de manuscrits, dont quatre principaux : le *Parisinus* 7794, *P*, qui remonte à la fin du ɪxᵉ siècle, l'*Harleianus* 4927, *H*, le *Gemblacensis* devenu le *Bruxellensis* 5345, *G*, et l'*Erfurtensis* devenu le *Berolinensis* 252, *E*, qui datent des xɪɪ-xɪɪɪᵉ siècles. Le texte initial (P^1, H^1, G^1, E^1) a été corrigé, plus (P^2) ou moins (H^2, G^2, E^2), par des réviseurs à peu près contemporains [4]. Le discours est précédé du *De prouinciis consularibus*

1. Asconius, *Comment.* p. 55, 21 St. = § 61-62 Clark ; Quintilien, *Inst. Orat.*, V, 11, 42.
2. Valère-Maxime, I, 1, 1 ; Arnobe, *Adu. Nat.*, IV, 31.
3. Cf. P. Wuilleumier, *op. cit.*, p. 28 sqq.
4. J'ai pu revoir et rectifier assez souvent les recensions antérieures grâce aux photographies exécutées par l'Institut de recherche et d'histoire des textes, dont je remercie vivement les Directeurs successifs, Mlle J. Vielliard et M. J. Glénisson.

dans *P*, *G* et *E*, du *Pro Balbo* dans *H* ; il est suivi du *Pro Balbo* dans *P* et *E*, du *De prouinciis consularibus* dans *H* et placé à la fin de *G*.

Filiation. Tous les manuscrits (Ω) et notamment les quatre principaux (ω) présentent des erreurs communes, qui proviennent du même modèle (*A*) :

16-18 sed... commotum *transf.* ; 20 postulationes ; 23 terram non tenuit a(u)t tensam ; 31 acmentarium ; 46 modo his se *om.* ; 50 senatu...

Le plus ancien, P^1, se rattache le plus directement à l'archétype ; deux de ses rares lacunes (26 istius modi patruus is ; 46 grauissimosque miror) tendent à prouver que celui-ci avait une vingtaine de lettres par ligne.

Les corrections de P^2 correspondent assez souvent aux leçons de *G E* et surtout de *G* :

24 scelerum ; 40 et honestis ; 47 consulis ; 55 illisa...

H se rapproche très souvent de *P*, pour former un groupe opposé au couple *G E* :

18 animos — amicos ; magistros — magistratus ; 20 mentes — omnes ; 31 mouent — mouebant ; 35 platorem — platonem ; 37 dicit — dicit esse ; iudices — uides ; 40 homines — et honestis ; 41 patris — patribus ; 43 autem — h. ; 44 nulla — nec ; 45 ordinum — hominum ; 57 nomine — nomen omne...

Il s'apparente encore plus à P^2 qu'à P^1 :

7 me telum ; 23 errata ; 26 libris ; 32 statuto ; 40 pulsus ; 41 publicam ; 42 uolutatus ; se ac rei ; illim ; clemens ; 44 a mitra ; 46 conuerti ; 51 aut inquinatior.

Cependant, il se rapproche parfois de *G E* (49 tela) ou d'*E* seul (28 securi).

Mais il se sépare souvent de tous les autres manuscrits [1].

G et *E* ont beaucoup de points communs : aux leçons signalées plus haut s'ajoutent de nombreuses omissions :

1. Cf. *infra*, p. 26.

4 uero ; 5 a me ; ipse ; 12 consul ; 13 in iudicio ; 16 tot ; 19 tanta ; eorum ; 23 sed perempti ; 29 per nos ; 35 populi ; 37 forte ; 38 prope ; 39 eiulatus ; 46 eas habet ; 58 censuram...

— des inversions :

26 mentionem generis sui ; 28 asia(m) europa(m)que ; 47 me uno ; 51 gratiae esse ; 53 sunt res ; 55 hominum animis ; 57 non inesset in hoc ; 63 sono aliquid...

— et une transposition :

46-50 quid... publica.

Chacun d'eux, toutefois, conserve son individualité. Ces rapports peuvent se traduire par le schéma suivant :

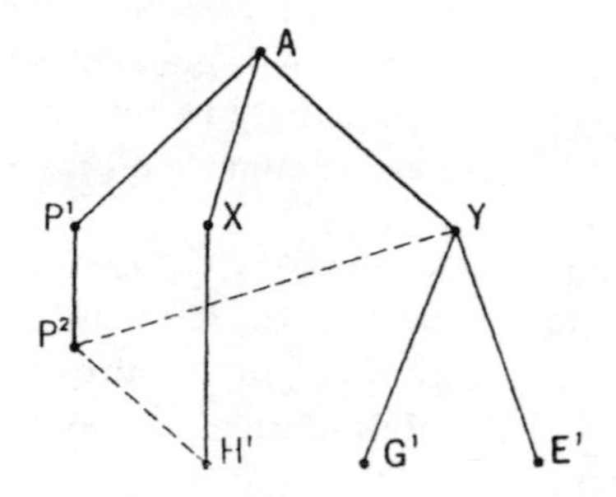

Valeur. Le plus ancien manuscrit, *P*, est aussi le meilleur : il reproduit assez fidèlement son modèle et s'abstient de le corriger ; il donne fréquemment la bonne leçon et le fait souvent seul :

6 labefactam ; 19 doctos ; 22 spectaculis ; 23 ludius ; simpuio ; 31 postilio ; 33 qua ; 44 a crocota ; 46 eas habet ; saepe ; 48 e ; in quibus ; 50 ecferebat ; 51 glaucia ; 55 cogitanti ; 61 autem...

Mais il n'est pas infaillible : il confond des lettres, supprime des désinences, omet, ajoute ou transforme des mots.

*P*² corrige une grande partie de ces erreurs et lance de bonnes idées, qu'il garde seul :

28 legati te ; 40 iam ; 61 mea...

— ou que, nons l'avons vu, il transmet à *H*.

Celui-ci ne manque pas de qualités personnelles :

23 dubitabimus ; 25 nos ; 31 pontificum iudicio ; 37 sunt ; nego ; accepimus ; 38 coniuentis ; 39 haberes ; 41 desciuerat ; 42 suae ; 43 leges ; 44 fasceolis ; a psalterio ; 46 defendi ; 47 a ; consules ; 49 altitudines ; 51 esse ; 53 puris...

Mais son originalité se manifeste aussi par un grand nombre d'omissions, d'additions, d'interversions et de modifications.

Ces divers genres d'erreurs se multiplient dans *G* et surtout dans *E*, qui pousse la fantaisie à l'extrême. Cependant, ils ont parfois raison, ensemble ou séparément :

3 publicam *G E* ; 12 populo Romano *G E* ; 18 statas *G* ; 47 nisi se *G E* ; 54 clarissimi *E* ; 61 omnes *E*.

L'éclectisme doit même s'étendre à plusieurs leçons de manuscrits récents :

5 eius ; 6 uinci ; 9 sororum ; 12 id semper ; 13 durum ; 18 praedictiones ; 19 de ; 20 latiniensi ; 21 quando ; 30 uos ; 33 in ; 34 uallatum ; 40 diuinitus ; 44 a flagitio ; 46 laudatiorem ; 47 arbitrabatur ; c. ; 50 quod ; 52 coniuebant ; inrepat ; 54 tum...

Encore ne suffit-il pas : un certain nombre de passages ont donné lieu à des corrections d'humanistes ou de philologues — et plusieurs restent incertains.

Enfin, l'orthographe des textes latins pose toujours aux éditeurs des problèmes embarrassants. Nous avons suivi, en général, celle du meilleur manuscrit, *P*, en ramenant toutefois à un type uniforme quelques cas aberrants [1]. Si notre apparat critique donne les principales

1. Ainsi, l'accusatif pluriel en *-es* des substantifs *mentes* (20 et 62), *aures* (20 et 55), *aedes* (39) et des participes *coniuentes* (38), *flagitantes* (46), *progredientes* (56), *parantes* (56) ; le suffixe en *-u* des superlatifs *miserrumus* (5), *optumi* (15) et de l'adjectif verbal *gerundarum* (18).

leçons des quatre manuscrits essentiels, il exclut habituellement les variantes ou les erreurs d'orthographe.

Éditions. Le *De haruspicum responsis* n'a été publié que dans les éditions complètes de Cicéron, dont voici les principales :

a) *Avec apparat critique*

J. C. Orelli, J. G. Baiter et C. Halm, II, Zurich, 2e éd., 1856.
J. G. Baiter et C. L. Kayser, IV, 2, Leipzig, 1862.
R. Klotz, II, 2, Leipzig, 2e éd., 1872.
C. F. W. Mueller, II, 2, Leipzig, 1885.
W. Peterson, V, Oxford, 1911.
A. Klotz, VII, Leipzig, 1919.

b) *Avec traduction française*

J.-V. Leclerc, XIII, Paris, 2e éd., 1824.
D. Nisard et P. C. B. Gueroult, III, Paris, 1864.
O. Greard et M. Heguin de Guerle, IX, Paris, 1869.

c) *Avec traduction anglaise*

N. H. Watts, Londres et Cambridge, Collection Loeb, 1923.

Études. Parmi les études générales ou particulières, philologiques ou historiques, citons notamment :

R. Bloch, *Les prodiges dans l'antiquité classique*, Paris, 1963.

Van den Bruwaene, Quelques éclaircissements sur le « De haruspicum responsis », *L'Antiq. Class.*, XVII, 1948, p. 81-92.

Jér. Carcopino, *Histoire romaine*, II, Paris, 4e éd., 1950.

E. Ciaceri, *Cicerone e i suoi tempi*, Gênes-Rome, 2e éd., 1941.

E. Courtney, Notes on Cicero, *Class. Rev.*, X, 1960, p. 95-99. — The date of the *De haruspicum responso*, *Philol.*, CVII, 1963, p. 155-156.

M. GELZER, Die Datierung von Ciceros Rede *de haruspicum responso*, *Klio*, XII, 1937, p. 1-9. — *Real Enc.*, VII A 1, s. u. *M. Tullius Cicero*, 1939, col. 945-947.

H. GRAILLOT, *Le culte de Cybèle*, Paris, 1912.

A. HAURY, *L'ironie et l'humour chez Cicéron*, Leyde, 1954.

A. KIRSOPP MICHELS, Lucretius, Clodius and Magna Mater, *Mélanges Jérôme Carcopino*, Paris, 1966, p. 675-679.

K. KUMANIECKI, Ciceros Rede *de haruspicum responso*, *Klio*, XXXVII, 1959, p. 135-152.

K. LATTE, *Römische Religionsgeschichte*, Munich, 1960.

L. LAURAND, *Etudes sur le style des discours de Cicéron*, Paris, 3e éd., 1928. — *Cicéron*, 2 vol., Paris, 3e éd., 1934-1939.

J. O. LENAGHAN, A commentary of Cicero's oration *De haruspicum responso*, Diss. Princeton Univ., 1962 [1].

E. LEPORE, *Il princeps ciceroniano e gli ideali politichi della tarda reppublica*, Naples, 1954.

A. PIGANIOL, Sur le calendrier brontoscopique de Nigidius Figulus, *Studies in Roman economic and social history in honour of A. Ch. Johnson*, Princeton, 1951, p. 79-87.

P. STEIN, *Die Senatssitzungen der Ciceronischen Zeit* (68-43), Diss. Munster, 1930.

R. SYDOW, Kritische Beiträge zu Ciceros vier Reden nach seiner Rückkehr, *Rhein. Mus.*, XC, 1941, p. 168.

B. TAMM, *Auditorium und Palatium*, Stockholm, 1963, p. 29 sqq.

G. WISSOWA, *Religion und Kultus der Römer*, Munich, 1902 ; 1912.

1. Cette dissertation nous a fourni de nombreux éléments pour le commentaire du discours.

ANALYSE DU DISCOURS

1re Partie : Cicéron riposte aux attaques 1-17.

A) Justification de son attitude au Sénat envers P. Clodius 1-7.

B) Réfutation d'un discours au peuple de P. Clodius sur la consécration de sa maison 8-16.

C) Transition : aveu d'un penchant à la vanité 17.

2e Partie : Cicéron commente la réponse des haruspices 18-63.

A) Respect de la religion ancestrale 18-19.

B) Interprétation des prodiges 20-39 :

a) Profanation des jeux mégalésiens 21-27 ;
b) Dévastation du sanctuaire de Pessinonte 28-29 ;
c) Profanation de lieux sacrés 30-33 ;
d) Meurtre d'ambassadeurs 34-35 ;
e) Violation de serments 36 ;
f) Profanation de cérémonies sacrées 37-39.

C) Avertissements des dieux 40-63 :

a) Les discordes entre bons citoyens 40-55 ;
b) Les projets secrets 55 ;
c) Les mauvais citoyens 56-59 ;
d) La stabilité de la république 60-63.

SIGLA

P = Parisinus 7794, IX s.

P^1 = prima manus.

P^2 = emendationes eiusdem fere aetatis.

H = Harleianus 4927, XII s.

H^1 = prima manus.

H^2 = emendationes paulo recentiores.

G = Bruxellensis 5345, olim Gemblacensis, XII s.

G^1 = prima manus.

G^2 = emendationes eiusdem fere aetatis.

E = Berolinensis 252, olim Erfurtensis, XII-XIII s.

E^1 = prima manus.

E^2 = emendationes eiusdem fere aetatis.

ω = omnes aut fere omnes illi codices.

recc. = nonnulli codices, XV s.

Ω = omnes codices.

DISCOURS SUR LA RÉPONSE DES HARUSPICES

1re PARTIE : RIPOSTE AUX ATTAQUES.

Justification. I, 1. Dans la séance d'hier, pères conscrits, comme le sentiment de votre dignité et la présence de nombreux chevaliers romains admis au Sénat [1] m'avaient profondément ému, j'ai cru devoir réprimer l'effronterie éhontée [2] de P. Clodius, quand il s'opposait à la cause des publicains par les plus sottes interpellations, prêtait son concours à P. Tullio le Syrien [3] et se faisait valoir sous vos yeux mêmes auprès de l'homme auquel il s'était vendu tout entier. Aussi ai-je refréné les transports de ce forcené dès que j'eus brandi la menace d'une action judiciaire [4], et il m'a suffi de lancer deux mots pour briser entièrement son attaque et sa fougue de gladiateur [5]. 2. Mais lui, ignorant le caractère de nos consuls, blême et surexcité, il se précipita soudain hors de la curie avec certaines menaces, désormais impuissantes et vaines, qui, au temps de Pison et de Gabinius [6], inspiraient la terreur. A sa sortie, je me mis

1. Il en fut de même à la séance du 13 février 54 : *Ad Q. Fr.*, II, 11, 2. Sur l'attitude de Cicéron, cf. Intr., p. 17.
2. L'expression rappelle *Ad Att.*, II, 1, 8 et Plaute, *Rud.*, 115.
3. Ce terme paraît être une injure plutôt qu'un surnom.
4. Cf. § 7. Intr., p. 17.
5. Terme péjoratif, souvent appliqué à Clodius ; cf. § 15.
6. L. Calpurnius Piso et A. Gabinius, les consuls de 58. Cf. Intr., p. 17 ; t. XIII, 1, p. 9 sqq.

DE HARVSPICVM RESPONSIS ORATIO

I, 1. Hesterno die, patres conscripti, cum me et uestra dignitas et frequentia equitum Romanorum praesentium, quibus senatus dabatur, magnopere commosset, putaui mihi reprimendam esse P. Clodi impudicam impudentiam, cum is publicanorum causam stultissimis interrogationibus impediret, P. Tullioni Syro nauaret operam atque ei se, cui totus uenierat, etiam uobis inspectantibus uenditaret. Itaque hominem furentem exsultantemque continui simulac periculum iudici intendi ; duobus inceptis uerbis omnem impetum gladiatoris ferociamque compressi. 2. Ac tamen ignarus ille qui consules essent, exsanguis atque aestuans, se ex curia repente proripuit, cum quibusdam fractis iam atque inanibus minis et cum illius Pisoniani temporis Gabinianique terroribus. Quem cum egredientem

INC̄ DE ARVSPICVM RESPONSIS *P* Incip̄ orat̄ M. T. Cicer. de aruspicum responsis *E* DE RESPONSIS ARVSPICVM *H* PRO RESPONSIS ARVSPICVM *G* De haruspicum responsis *Quintilianus* De haruspicum responso *Asconius.*

1. praesentium (-iaeum *P*[1]) *PGE* : *om. H* || commosset *PHG* : cum nosset *E* || tullioni ω : tol- *P*[1] || syro *PGE* : siro *H*.

2. ac tamen *PHE* : att- *G* || fractis *P*[2]*HG* : factis *P*[1]*E* || quem

à le suivre et je reçus vraiment la plus belle récompense quand je vous vis tous vous lever [1] et les publicains m'escorter. Mais soudain hors de lui, sans son visage habituel, sans couleur et sans voix, il s'arrêta, puis il se retourna et, dès qu'il aperçut le consul Cn. Lentulus [2], il s'effondra presque sur le seuil de la curie, se rappelant, je pense, son cher [3] Gabinius et regrettant Pison. Que dirais-je, moi, de sa fureur effrénée [4] et aveugle ? Peut-il être blessé par moi de paroles plus accablantes que celles dont aussitôt, sur le lieu même de l'action, un citoyen aussi imposant que P. Servilius l'abattit et l'écrasa ? pussé-je même égaler cette vigueur et cette fermeté exceptionnelles et presque divines, je ne doute pas cependant que des traits lancés par son ennemi lui parussent plus légers et plus émoussés que ceux dont le frappa le collègue de son père [5].

II, 3. Mais cependant je désire exposer la raison de ma conduite aux gens selon lesquels je me suis laissé dans la séance d'hier emporter par le ressentiment et entraîner par la colère un peu plus loin que ne l'aurait requis la réflexion judicieuse d'un homme sage. Non, je n'ai pas agi poussé par la colère ni perdant mon sang-froid, je n'ai rien fait qui ne fût bien considéré et depuis longtemps médité. En effet, pères conscrits, je me suis toujours déclaré l'ennemi de ces deux personnages qui, alors qu'ils devaient défendre et pouvaient sauver ma personne et la république, alors qu'ils étaient appelés à remplir leurs fonctions de consuls par les insignes mêmes de ce pouvoir

1. Même hommage *Ad Att.*, I, 16, 4 ; *Ad Q. Fr.*, III, 2, 2.
2. Cn. Cornelius Lentulus Marcellinus ; cf. § 21-2. Intr., p. 9.
3. Cette épithète, appliquée au seul Gabinius, est ironique, car Clodius avait rompu avec le partisan de Pompée ; cf. *In Pis.*, 27.
4. Même expression *Pro Sest.*, 82.
5. P. Servilius Vatia Isauricus avait partagé le consulat en 79 avec App. Claudius Pulcher.

insequi coepissem, cepi equidem fructum maximum et ex consurrectione omnium uestrum et ex comitatu publicanorum. Sed uaecors repente, sine suo uoltu, sine colore, sine uoce constitit ; deinde respexit et, simula*t*⟨que⟩ Cn. Lentulum consulem adspexit, concidit in curiae paene limine, recordatione, credo, Gabini sui desiderioque Pisonis. Cuius ego de ecfrenato et praecipiti furore quid dicam ? A*n* potest grauioribus a me uerbis uolnerari quam est statim in facto ipso a grauissimo uiro P. Seruilio confectus ac trucidatus ? cuius si iam uim et grauitatem illam singularem ac paene diuinam adsequi possem, tamen non dubito quin ea tela quae coniecerit inimicus, quam ea quae collega patris emisit, leuiora atque hebetiora esse uideantur.

II, 3. Sed tamen mei facti rationem exponere illis uolo, qui hesterno die dolore me elatum et iracundia longius prope progressum arbitrabantur quam sapientis hominis cogitata ratio postulasset. Nihil feci iratus, nihil impotenti animo, nihil non diu consideratum ac multo ante meditatum. Ego enim me, patres conscripti, inimicum semper esse professus sum duobus, qui me, qui rem publicam, cum defendere deberent, seruare possent cumque ad consulare officium ipsis insignibus

cum ω : quem G^1 || cepi *P* : caepi *HG* copi *E* || et ex *PH* : ex *GE* || simulatque *Baiter* : simul ad *PHE* simul ac *E* || limine *om.* P^1 || cuius *PHG* : cui *E* || dicam ω : dicebam P^1 || an *Petersen* : aut *HGE*, *om. P* || a *PGE* : ac *H* || cuius *PHG* : cui *E* || quae *om. E* || emisit *recc* : amisit ω.

3. illis ω : illius P^1 || dolore *HG* : dolori *PE* || elatum *PHG* : aelectum *E* || iracundia *PHG* : -diam *E* || progressum *PGE* : digressum *H* || postulasset *PHG* : -em *E* || nihil feci *PHG* : feci *E* || non *PHG* : cum *E* || me *post* inimicum *transf. H* || duobus *PHG* : duabus *E* || publicam *GE* : meam *H*, *om. P*.

et à protéger ma vie non seulement par votre autorité mais encore par vos prières, m'ont d'abord abandonné, puis livré, enfin attaqué et, pour prix d'un pacte infâme [1], ont voulu me voir complètement écrasé et anéanti en même temps que la république, eux qui, s'ils n'ont pu, sous leur conduite et leur commandement sanguinaires et criminels, ni protéger les murs de nos alliés ni frapper les villes de nos ennemis [2], ont porté la ruine, l'incendie, la destruction, le ravage et la dévastation, en profitant eux-mêmes du butin, dans toutes mes maisons et mes propriétés [3]. 4. Contre ces furies et ces brûlots, contre ces monstres funestes, dis-je, qui annonçaient presque la destruction de notre empire [4], j'affirme avoir assumé une guerre inexpiable, telle cependant que l'exigeaient, non pas mon ressentiment et celui des miens, mais le vôtre et celui de tous les gens de bien.

III. Mais à l'égard de Clodius, ma haine n'est pas plus forte aujourd'hui qu'elle ne le fut le jour où j'ai appris que, tout brûlé par les feux les plus sacrés, il avait été, sous des vêtements de femme, au sortir d'un ignoble scandale [5], chassé de la maison du grand pontife. Alors, dis-je, alors j'ai vu et pressenti longtemps à l'avance quelle tempête se formait, quel orage allait fondre sur la république. Je voyais qu'une scélératesse aussi intraitable, une effronterie aussi monstrueuse d'un jeune forcené, d'un noble [6] blessé ne pouvaient être tenues écartées du

1. Clodius leur fit attribuer par le peuple deux proconsulats lucratifs, en Macédoine et en Syrie : cf. t. XIII, 1, p. 11-2.

2. Sur leurs excès et leurs revers dans ces provinces, cf. § 34-5 ; *Pro Sest.*, 71 ; *De Pr. C.*, pass. ; *In Pis.*, pass.

3. En 58, pendant l'exil de Cicéron : cf. t. XIII, 1, p. 15. L'emphase du style reflète l'exagération de la pensée.

4. Mêmes injures *Pro Sest.*, 38 ; 65 ; *De Pr. C.*, 2.

5. En décembre 62, il avait assisté aux mystères féminins de la Bonne Déesse, dans la maison de César, alors préteur, dont il courtisait la femme ; cf. § 8-9 ; 12 ; 37-9 ; 44 ; 57 ; *Ad Att.*, I, 13, 3...

6. Même allusion à son origine patricienne *Pro Mil.*, 18.

illius imperi ad meam salutem non solum auctoritate sed etiam precibus uestris uocarentur, primo reliquerunt, deinde prodiderunt, postremo oppugnarunt, praemiisque nefariae *p*actionis funditus una cum re publica oppressum exstinctumque uoluerunt, qui, quae suo ductu et imperio cruento illo atque funesto supplicia neque a sociorum moenibus prohibere neque hostium urbibus inferre potuerunt, excisionem, inflammationem, euersionem, depopulationem, uastitatem, ea sua cum praeda meis omnibus tectis atque agris intulerunt. **4.** Cum his furiis et facibus, cum his, inquam, exitiosis prodigiis ac paene huius imperi pestibus bellum mihi inexpiabile dico esse susceptum, neque id tamen ipsum tantum quantum meus ac meorum, sed tantum quantum uester atque omnium bonorum dolor postulauit.

III. In Clodium uero non est hodie meum maius odium quam illo die fuit, cum illum ambustum religiosissimis ignibus cognoui, muliebri ornatu ex incesto stupro atque ex domo pontificis maximi emissum. Tum, inquam, tum uidi ac multo ante prospexi quanta tempestas excitaretur, quanta impenderet procella rei publicae. Videbam illud scelus tam importunum, audaciam tam immanem adulescentis furentis, nobilis uolne-

3. auctoritate *P²HG* : salutem a-*P¹* -em *E* || oppugnarunt *PH* : -auerunt *GE* || pactionis *Naugerius* : factionis Ω || funditus *PHG* : -tur *E* || ea *P* : mea *HGE* || meis *PHG* : eis *E*.

4. id tamen *H* : idtt-*P* uel id att- *GE* || sed *PHG* : si *E* || uester atque *HGE* : est eratqu(a *P¹*)e *P* || uero *om.* *GE* || est *om.* *E* || incesto *PH* : -tu *GE* || stupro *om.* *G¹* || nobilis Ω : mobilis *Drechsler* nebulonis *Busche*.

domaine de la paix [1], que ce mal éclaterait un jour, s'il restait impuni, pour provoquer la ruine de la cité. 5. Depuis lors, à vrai dire, je n'ai guère eu de raison d'accroître ma haine, car il n'a pas agi contre moi par haine de ma personne, mais par haine de la rigueur, par haine de la dignité, par haine de la république ; il ne m'a pas fait violence plus qu'au Sénat, plus qu'aux chevaliers romains, plus qu'à tous les gens de bien, plus qu'à l'Italie entière ; il ne s'est pas montré, enfin, plus scélérat envers moi qu'envers les dieux immortels eux-mêmes : en effet, c'est à eux qu'il a fait violence par un crime inconnu jusque-là ; envers moi, il a témoigné des mêmes sentiments qu'aurait eus son ami [2] Catilina lui-même, si celui-ci avait été vainqueur. Aussi n'ai-je jamais pensé à l'accuser, non plus que cet imbécile dont l'origine nous serait inconnue, s'il ne se donnait lui-même le nom de Ligus [3]. En effet, pourquoi poursuivrais-je cet animal à la fois domestique et sauvage, que mes ennemis ont amadoué par du fourrage et des glands [4] ? S'il sent de quel crime il s'est rendu coupable, je ne doute pas qu'il ne soit très malheureux ; s'il ne le voit pas, il risque d'invoquer la stupidité pour excuse [5].

6. A cela s'ajoute que, dans l'attente de tous, c'est à T. Annius [6], un homme plein de courage et d'éclat, que cet individu semble réservé comme une victime consacrée ; lui ravir une gloire qui lui est déjà promise et destinée, alors que grâce à lui j'ai recouvré ma dignité et mon salut, ce serait vraiment injuste. IV. En effet,

1. Cf. *Dom.*, 137 ; *Pro Sest.*, 15 ; *Ad Fam.*, I, 9, 10.
2. Cf. § 42 ; *Pro Sest.*, 42 ; *In Pis.*, 11 ; 15-6 ; *Pro Mil.*, 37.
3. Aelius Ligus, tribun en 58 ; cf. *Dom.*, 49 ; *Pro Sest.*, 68 ; 94. Cicéron rapproche son surnom du peuple ligurien, qui passait pour stupide : cf. *Pro Cl.*, 72. Servius, *ad* Virgile, *Én.*, XI, 715.
4. Ces mots visent Ligus plutôt que Clodius : cf. n. 3.
5. Dilemme semblable *Phil.*, II, 16 ; 54 ; X, 32 ; XIII, 34.
6. Milon, tribun en 57. Sur cette prédiction, cf. Intr., p. 17, n. 6.

rati non posse arceri oti finibus ; erupturum illud malum aliquando, si impunitum fuisset, ad perniciem ciuitatis. **5.** Non multum mihi sane post ad odium accessit ; nihil enim contra me fecit odio mei, sed odio seueritatis, odio dignitatis, odio rei publicae ; non me magis uiolauit quam senatum, quam equites Romanos, quam omnis bonos, quam Italiam cunctam ; non denique in me sceleratior fuit quam in ipsos deos immortales : etenim illos eo scelere uiolauit quo nemo antea ; in me fuit eodem animo quo etiam eius familiaris Catilina, si uicisset, fuisset. Itaque eum numquam a me esse accusandum putaui, non plus quam stipitem illum, qui, quorum hominum esset, nesciremus, nisi se Ligurem ipse esse diceret. Quid enim hunc persequar, pecudem ac beluam, pabulo inimicorum meorum et glande corruptum ? Qui si sen*t*it quo se scelere deuinxerit, non dubito quin sit miserrimus ; sin autem id non uidet, periculum est ne se stuporis excusatione defendat.

6. Accedit etiam quod exspectatione omnium fortissimo et clarissimo uiro T. Annio deuota et constituta ista hostia esse uidetur ; cui me praeripere desponsam iam et destinatam laudem, cum ipse eius opera et dignitatem et salutem recuperarim, ualde est iniquum.

5. odium *PHE* : odio *G* || odio dignitatis *om. P* || ipsos *PHE* : ipso *G* || illos *PHG* : i- consules *E* || scelere *PGE* : s- p. *H* || eodem *PGE* : e- isto *H* || eius *recc.* : meus ω || fuisset *om. E* || a me *om. GE* || esset *PHG* : esse *E* || ipse *om. GE* || diceret P^2HG : dec-P^1 diceremus *E* || glande ω : cl- P^2 || sentit *Lambinus* : sensit *PHG* senserit *E* || miserrimus *HGE* : minserrumus *P* || autem *PH*, *in ras. G* : enim *E*.

6. accedit *PH* : accepit G^1E accepi G^2 || hostia ω : o-P^1 || desponsam *PHG* : -atam *E* || recuperarim *H* : recip- *P* -arunt *G* -ans *E*.

de même que l'illustre P. Scipion me semble être né pour la mort et la ruine de Carthage [1], qui, tant de fois assiégée, attaquée, ébranlée, presque conquise par nos généraux, a été détruite enfin à l'arrivée de ce seul chef marqué, pour ainsi dire, par le destin, de même T. Annius semble être né pour réprimer, exterminer, détruire complètement ce monstre et avoir été, pour ainsi dire, accordé à la république par un présent des dieux. Seul il a su par quels moyens ce citoyen en armes [2], capable de disperser les uns à coups de pierres ou par le fer et d'enfermer les autres chez eux, de terroriser la ville entière, la curie, le forum, tous les temples sous la menace du meurtre et de l'incendie [3], devait être non seulement vaincu mais encore enchaîné. 7. A un tel homme, qui a si bien mérité de moi et de la patrie, je ne ravirai jamais de ma propre volonté un accusé [4], celui-ci surtout dont il a, pour assurer mon salut, endossé et même recherché l'hostilité. Mais, si maintenant encore, bien qu'il soit déjà enlacé [5] par les sanctions de toutes les lois, enveloppé par la haine de tous les gens de bien, entravé par l'attente du supplice qui ne peut plus se prolonger, il s'agite néanmoins dans ses filets et s'efforce de briser ses chaînes pour s'élancer sur moi, je lui résisterai et, que Milon y consente ou qu'il me porte même assistance, je repousserai son assaut, comme dans la séance d'hier où, devant ses menaces silencieuses qui ne m'ébranlaient pas, j'ai seulement commencé à prononcer les mots de lois et de jugement [6] ; il s'est assis ; je me suis tu. Eût-il intenté une action, comme il l'avait proféré, j'aurais fait en sorte que le préteur le

1. Né vers 185, fils de Paul-Emile, adopté par le fils de Scipion l'Africain, Scipion Émilien prit Carthage en 146.
2. Cf. *Sen.*, 19 *sceleratum ciuem aut domesticum potius hostem.*
3. Cf. § 49 ; 57.
4. Milon l'accusa en vain *de ui* : *Pro Mil.*, 35 ; 38 ; *Pro Sest.*, 89.
5. Même image *Pro Sest.*, 88 ; *Pro Cael.*, 71 ; *Pro Mil.*, 40.
6. Cf. § 1. Intr., p. 17.

IV Etenim, ut P. ille Scipio natus mihi uidetur ad interitum exitiumque Carthaginis, qui illam, a multis imperatoribus obsessam, oppugnatam, labefactam, paene captam, aliquando quasi fatali aduentu solus euertit, sic T. Annius ad illam pestem comprimendam, exstinguendam, funditus delendam natus esse uidetur et quasi diuino munere donatus rei publicae. Solus ille cognouit quemadmodum armatum ciuem, qui lapidibus, qui ferro alios fugaret, alios domi contineret, qui urbem totam, qui curiam, qui forum, qui templa omnia caede incendiisque terreret, non modo uinci uerum etiam uinciri oporteret. **7.** Huic ego et tali et ita de me ac de patria merito uiro numquam mea uoluntate praeripiam eum praesertim reum cuius ille inimicitias non solum suscepit propter salutem meam uerum etiam appetiuit. Sed si etiamnunc, inlaqueatus iam omnium legum periculis, inretitus odio bonorum omnium, exspectatione supplici iam non diuturna implicatus, feretur tamen haesitans et in me impetum impeditus facere conabitur, resistam et, aut concedente aut etiam adiuuante Milone, eius conatum refutabo, uelut hesterno die, cum mihi stanti tacens minaretur, uoce tantum attigi legum initium et iudici ; consedit ille ; conticui. Diem dixisset, ut *i*ecerat ; fecissem ut ei statim

6. exitium P^2*HG* : exicium *E* exitum P^1 || labefactam *P* : -tatam *HGE* || lapidibus *HGE* : iam pedibus *P* || alios fugaret *om. E* || totam qui *HGE* : totamque *P* || templa P^2*GE* : telm- P^1 templum *H* || incendiis ω : -dis P^1 || uinci *recc.* : -cere ω.

7. ego *PH* : ergo *GE* || et ita *HGE* : ita *P* || inlaqueatus *P* : ill- *HG* illa queat *E* || inretitus *PGE* : iritatus *H* || odio *PGE* : odia *H* || me *PHG* : mei *E* || refutabo ω : repu- P^1 || hesterno ω : -non P^1 || consedit Ω : concidit *Naugerius, Courtney* || iecerat

sommât aussitôt de comparaître dès le surlendemain [1]. Et maintenant, qu'il règle sa conduite en pensant que, s'il se contente des crimes qu'il a commis, il est déjà voué au châtiment de Milon ; s'il me lance quelque trait, aussitôt je saisirai les armes des tribunaux et des lois.

Réfutation. 8. Cependant, pères conscrits, il a depuis peu prononcé un discours au peuple, dont le texte entier m'a été rapporté. De ce discours écoutez d'abord le thème général et l'idée maîtresse ; quand vous aurez ri de l'impudence du personnage, alors vous m'entendrez parler du discours entier. V. C'est sur les cultes, les rites et les cérémonies [2] que porte, pères conscrits, le discours de Clodius ! P. Clodius, dis-je, s'est plaint que les rites et les cultes soient négligés, violés, profanés ! Rien d'étonnant que cela vous paraisse risible : sa propre assemblée a ri de voir un individu, frappé, comme il a coutume de s'en vanter lui-même, par des centaines de sénatus-consultes [3], qui ont tous été pris contre lui pour la défense des cultes, un individu qui a osé porté la luxure sur les lits [4] de la Bonne Déesse [5] et troubler des cérémonies qu'un homme n'a pas le droit de regarder, fût-ce par inadvertance, en les violant non seulement par ses regards d'homme mais par la débauche et la luxure, se plaindre ensuite dans une assemblée du peuple que les cultes aient été violés. 9. On attend donc de lui maintenant un prochain discours sur la chasteté : quelle différence y a-t-il, en effet, entre un homme qui, chassé des autels les plus sacrés, gémit sur le sort des rites et des cultes

1. Le plus court délai dans les assignations.
2. La liaison de trois substantifs (cf. § 8-9) par un seul *et* est exceptionnelle, sinon fautive.
3. Cicéron en mentionne trois en 62-61 : *Ad Att.*, I, 13, 3 ; 14, 5 ; *Ad Q. Fr.*, II, 3, 5 ; cf. aussi § 15.
4. Lits de parade, à coussins, pour les statues des dieux.
5. Cf. § 4. Déesse de la fécondité, parèdre de Faunus.

tertius a praetore dies diceretur. Atque hoc sic moderetur et cogitet, si contentus sit eis sceleribus quae commisit, esse iam consecratum Miloni ; si quod in me telum intenderit, statim me esse adrepturum arma iudiciorum atque legum.

8. Atque paulo ante, patres conscripti, contionem habuit, quae est ad me tota delata. Cuius contionis primum uniuersum argumentum sententiamque audite ; cum riseritis impudentiam hominis, tum a me de tota contione audietis. V De religionibus, sacris et caerimoniis est contionatus, patres conscripti, Clodius ! P., inquam, Clodius sacra et religiones neglegi, uiolari, pollui questus est ! Non mirum si hoc uobis ridiculum uidetur : etiam sua contio risit hominem, quomodo ipse gloriari solet, ducentis confixum senati consultis, quae sunt omnia contra illum pro religionibus facta, hominemque eum, qui puluinaribus Bonae Deae stuprum intulerit eaque sacra quae uiri oculis ne imprudentis quidem adspici fas est non solum adspectu uirili sed flagitio stuproque uiolarit, in contione de religionibus neglectis conqueri. **9.** Itaque nunc proxima contio eius exspectatur de pudicitia : quid enim interest utrum, ab altaribus religiosissimis fugatus, de sacris et reli-

Ernesti : fec- Ω || tertius a praetore *PH* : a p- t- (tercius *E*) *GE* || si *PHG* : sic *E* || eis *edd.* : iis ω is P^1 || esse *PGE* : *om. H* esse se *Baiter* sese *A. Klotz* (?) || quod *PHE* : quid *G* || me telum P^2H : metellum P^1GE || intenderit *PGE* : intorserit (?) *H*.

8. ad ω : a G^1 || sententiamque P^2HG : sentenci- *E* sentiamquae P^1 || tum *PHG* : cum *E* || sacris et Ω : et sacris *Mommsen* sacris *Courtney* || neglegi *PHG* : -ligi *E* || senati *P* : se s- *H* senatus *GE* || qui ω : que P^1 || uiri *PGE* : uicti (?) *H* || ne *PHG* : nec *E* || stuproque ω : -quae P^1 || uiolarit *PHG* : -ret *E* || contione *PHG* : content- *E*.

et celui qui, sortant de la chambre de ses sœurs [1], défend la pudeur et la chasteté ? La réponse toute récente des haruspices sur le bruit (d'armes), qu'il a lue dans l'assemblée, contient, parmi beaucoup d'autres, cette formule, que vous avez entendue, « que des lieux sacrés et cultuels sont traités comme profanes ». En cette affaire il a dit qu'était impliquée ma maison, consacrée par le plus scrupuleux des prêtres [2], P. Clodius. **10**. Je me réjouis d'avoir eu non seulement l'occasion mais encore la nécessité de discourir sur tout ce prodige, peut-être le plus grave qui ait été déféré à notre ordre sénatorial depuis bien des années. Vous reconnaîtrez, en effet, dans toute cette affaire, dans le miracle et dans la réponse, que la scélératesse et la frénésie de cet individu et la menace de périls extrêmes nous sont déjà presque annoncées par la voix de Jupiter Très bon et Très grand [3]. **11**. Mais d'abord j'effacerai le caractère religieux de ma maison, si du moins je réussis à le faire réellement et sans laisser de doute à personne ; si quelqu'un semble conserver le moindre scrupule, je me soumettrai non seulement avec patience mais encore avec empressement aux signes des dieux immortels et à leur culte.

VI Mais enfin y a-t-il dans cette ville immense une maison aussi exempte et pure [4] que la mienne de cette suspicion religieuse ? Bien que vos maisons, pères conscrits, et celles des autres citoyens soient dans leur immense majorité libres de tout caractère religieux, cependant ma maison est la seule et unique en cette ville qui ait été déclarée telle par toutes sortes de jugements [5]. En effet,

1. Cicéron l'accuse souvent d'inceste avec ses sœurs, surtout avec Clodia, l'épouse de Métellus ; cf. § 27 ; 38-9 ; 42 ; 59.
2. Il était *XV uir* : cf. § 26. Même sarcasme § 14 ; 22 ; *Dom.*, 103. Sur cette consécration, cf. t. XIII, 1, p. 15-6.
3. Le dieu protecteur de Rome : cf. § 20 ; *Cat.*, III, 21-2.
4. Termes du droit religieux : cf. *Dom.*, 116. *Dig.*, XI, 7, 2, 4.
5. Cf. Intr., p. 18.

gionibus conqueratur, an, ex sororum cubiculo egressus, pudorem pudicitiamque defendat ? Responsum haruspicum hoc recens de fremitu in contione recitauit, in quo cum aliis multis scriptum etiam illud est, id quod audistis, « loca sacra et religiosa profana haberi ». In ea causa esse dixit domum meam a religiosissimo sacerdote P. Clodio consecratam. **10.** Gaudeo mihi de toto hoc ostento, quod haud scio an grauissimum multis his annis huic ordini nuntiatum sit, datam non modo iustam sed etiam necessariam causam esse dicendi. Reperietis enim ex hoc toto prodigio atque responso nos de istius scelere ac furore ac de impendentibus periculis maximis prope iam uoce Iouis Optimi Maximi praemoneri. **11.** Sed primum expiabo religionem aedium mearum, si id facere uere ac sine cuiusquam dubitatione potero ; sin scripulus tenuissimus residere alicui uidebitur, non modo patienti sed etiam libenti animo portentis deorum immortalium religionique parebo.

VI Sed quae tandem est in hac urbe tanta domus ab ista suspicione religionis tam uacua atque pura ? Quamquam uestrae domus, patres conscripti, ceterorumque ciuium multo maxima ex parte sunt liberae religione, tamen una mea domus iudiciis omnibus liberata

9. conqueratur *PGE* : q- *H* || sororum *recc.* : suorum ω suarum sororum *Halm* || pudicitiamque ω : -quae *P*[1] || haruspicum *edd.* : a- *PHG* (*passim*) aur- *E*.

10. ostento *PHG* : -ndo *E* || haud *H* : haut *PG* aut *E* || datam *PHG* : data *E* || de *PGE* : ex *H* || praemoneri *G* : -oueri *H* prom- *P* promoueri *E*.

11. sed *PHG* : si *E* || scripulus *PH* : scrup- *GE* || aliquoi *Mommsen* : aliquis Ω || religioni ω : -ne *P*[1] || quamquam *PH* : quam *GE* || ceterorumque ω : -quae *P*[1].

je m'adresse à toi, Lentulus, et à toi, Philippus : d'après cette réponse des haruspices, le Sénat vous a enjoint de faire rapport à notre ordre sur les lieux sacrés et cultuels ; pouvez-vous faire ce rapport sur ma maison ? la seule en cette ville, comme je l'ai dit, qui ait été déclarée par toutes sortes de jugements affranchie de tout caractère religieux. D'abord mon ennemi lui-même, en ces temps d'orage et de ténèbres pour la république, alors qu'il avait gravé ses autres infamies avec ce stylet impur trempé dans le fiel de Sex. Clodius [1], n'y a pas appliqué le moindre mot de consécration. Ensuite le peuple romain, qui a l'autorité suprême en toutes choses, réuni en comices centuriates, a, par les suffrages de tous les âges et de tous les ordres, rendu à cette maison le statut qu'elle avait auparavant. Puis vous-mêmes, pères conscrits, non que la chose fût douteuse, mais pour fermer la bouche à cette furie, si elle restait plus longtemps dans cette ville qu'elle désirait détruire, vous avez décidé de faire rapport au collège des pontifes sur le caractère religieux de ma maison. **12.** Existe-t-il un scrupule religieux dont nous ne puissions être libérés dans nos doutes et nos inquiétudes les plus vives par la réponse et la parole du seul P. Servilius [2] ou du seul M. Lucullus [3] ? Quand il s'agit des cérémonies publiques, des grands jeux, du culte rendu aux dieux pénates et à l'auguste Vesta, de ce sacrifice même offert pour le salut du peuple romain, qui, depuis la fondation de Rome, n'a été profané que par le crime de ce chaste protecteur de la religion [4], la décision de trois pontifes a toujours paru au peuple romain ainsi qu'au

1. Parent plus ou moins proche de P. Clodius, il rédigea la loi d'exil contre Cicéron : cf. *Dom.*, 25-6 *ex ore impurissimo* ; 47-8 ; 83 ; *Pro Cael.*, 78.
2. Vatia Isauricus, le plus ancien pontife ; cf. § 2 ; 12.
3. M. Terentius Varro, qui fut le porte-parole des pontifes et des sénateurs le 1er octobre 57 : *Ad Att.*, IV, 2, 4.
4. Aux mystères de la Bonne Déesse ; cf. § 4 ; 37.

in hac urbe sola est. Te enim appello, Lentule, et te, Philippe : ex hoc haruspicum responso decreuit senatus ut de locis sacris religiosis ad hunc ordinem referretis ; potestisne referre de mea domo ? quae, ut dixi, sola in hac urbe omni religione omnibus iudiciis liberata est. Quam primum inimicus ipse in illa tempestate ac nocte rei publicae, cum cetera scelera stilo illo impuro Sex. Clodi ore tincto conscripsisset, ne una quidem attigit littera religionis. Deinde eandem domum populus Romanus, cuius est summa potestas omnium rerum, comitiis centuriatis, omnium aetatum ordinumque suffragiis eodem iure esse iussit quo fuisset. Postea uos, patres conscripti, non quo dubia res esset, sed ut huic furiae, si diutius in hac urbe, quam delere cuperet, maneret, uox interdiceretur, decreuistis ut de mearum aedium religione ad pontificum collegium referretur. **12.** Quae tanta religio est qua non in nostris dubitationibus atque in maximis superstitionibus unius P. Seruili ac M. Luculli responso ac uerbo liberemur ? De sacris publicis, de ludis maximis, de deorum penatium Vestaeque matris caerimoniis, de illo ipso sacrificio quod fit pro salute populi Romani, quod post Romam conditam huius unius casti tutoris religionum scelere

11. hac ω : ac (?) *P*[1] || et *PHG* : id *E* || haruspicum *edd.* : a- ω aris- *P*[1] || referre de ω : referenda *P*[1] || quam *PG* : qua *HE* || ipse *PHG* : ipso *E* || clodii *E* : cloeli(i) *PG* clodius *H* || ore tincto *om.* *H* || attigit ω : attingit *P*[1] || religionis ω : reg- *P*[1] || ordinumque ω : -quae *P*[1] || urbe quam *HGE* : u- q- *P* urbe esset quam *Halm* urbe quicquam *Madvig* || maneret *om.* *P*[1] || interdiceretur ω : ind- *P*[1] intercluderetur *Lambinus* || referretur ω : refere- *P*[1].

12. atque ω : atquae *P*[1] || ac Ω : aut *Madvig* (*fort. recte*) || ludis ω : lau- *P*[1] || uestae *PGE* : -te *H*.

Sénat et même aux dieux immortels assez sacrée, assez auguste, assez contraignante [1]. Mais, en vérité, pour ma maison, P. Lentulus, à la fois consul et pontife, P. Servilius, M. Lucullus, Q. Métellus, M'. Glabrio, M. Messalla, L. Lentulus, flamine de Mars, P. Galba, Q. Métellus Scipio, C. Fannius, M. Lépidus, L. Claudius, roi des sacrifices, M. Scaurus, M. Crassus, C. Curio, Sex. Caesar, flamine de Quirinus, Q. Cornélius, P. Albinovanus, Q. Térentius, pontifes mineurs, l'affaire une fois instruite et plaidée en deux occasions [2], devant une foule immense de citoyens pleins de prestige et de sagesse, tous à l'unanimité l'ont déclarée affranchie de tout caractère religieux [3]. VII, 13. J'affirme que jamais depuis l'institution des cultes, dont l'origine remonte à celle de la ville elle-même, sur aucun sujet, pas même sur une accusation capitale contre les vierges de Vesta [4], le collège ne s'est réuni aussi nombreux pour prononcer un jugement. Bien que, pour l'instruction d'un forfait, il importe que le plus grand nombre possible y assiste — car la consultation des pontifes est de telle nature qu'ils ont aussi pouvoir de juges — alors qu'une explication relative au culte peut être correctement donnée même par un seul pontife compétent — ce qui, dans un procès capital, aurait un caractère cruel et inique — vous découvrirez cependant que les pontifes ont été plus nombreux à

1. Seul témoignage en ce sens.

2. Le 30 septembre et sans doute en juillet 57 : cf. *Dom.*, 3-4.

3. Cf. Intr., p. 18. Miss L. R. Taylor (*Am. Journ. Ph.*, 63, 1942, p. 385-412) a montré l'intérêt de cette liste, en la comparant à celle de Macrobe, *Sat.*, III, 13, 11 : en tête figure le consul de 57 ; les quinze suivants sont classés par ordre d'entrée au collège, recruté par cooptation jusqu'en 63, puis par élection ; les trois *minores*, plébéiens, leur étaient adjoints. Manquent les noms de César, grand pontife, retenu en Gaule, et de L. Pinarius Natta, beau-frère de Clodius, qui avait consacré la maison de Cicéron : cf. *Dom.*, 118 ; 139.

4. Si elles manquaient à leur vœu de chasteté.

uiolatum est, quod tres pontifices statuissent, id semper populo Romano, semper senatui, semper ipsis dis immortalibus satis sanctum, satis augustum, satis religiosum esse uisum est. At uero meam domum P. Lentulus, consul et pontifex, P. Seruilius, M. Lucullus, Q. Metellus, *M'*. Glabrio, M. Messalla, L. Lentulus, flamen Martialis, P. Galba, Q. Metellus Scipio, C. Fannius, M. Lepidus, L. Claudius, rex sacrorum, M. Scaurus, M. Crassus, C. Curio, Sex. Caesar, flamen Quirinalis, Q. Cornelius, P. Albinouanus, Q. Terentius, pontifices minores, causa cognita, duobus locis dicta, maxima frequentia amplissimorum ac sapientissimorum ciuium adstante, omni religione una mente omnes liberauerunt. VII, **13.** Nego umquam post sacra constituta, quorum eadem est antiquitas quae ipsius urbis, ulla de re, ne de capite quidem uirginum Vestalium, tam frequens collegium iudicasse. Quamquam ad facinoris disquisitionem interest adesse quam plurimos, — ita est enim interpretatio illa pontificum ut eidem potestatem habeant iudicum — religionis explanatio uel ab uno pontifice perito recte fieri potest, — quod idem in iudicio capitis durum atque iniquum est — tamen sic reperietis frequentiores pontifices de mea domo quam umquam

12. id semper *recc.* : idem per *PH* idem *GE* || populo romano *GE* : -lum -num *PH* || semper senatui *om. E* || augustum *PGE* : ang- *H* || consul (*in ras. P*) *PH* : *om. GE* || M'. *edd.* : m. *P*, *om. HGE* || m. *in ras. P* || messalla P^1 : -ala ω || p. *PH* : *om. GE* || q. metellus *om. H* || c. *om. P* || fannius *PHG* : fra- *E* || m. lepidus *PGE* : ac l- *H* || albinouanus *GE* : -omanus *PH* || terentius *HGE* : tener- *P*.

13. ne de *PGE* : nec p (?) de *H* || iudicasse *PGE* : ind- *H* || ad *PHG* : id *E* || eidem (?) P^1 : idem P^2H fidem *GE* || potestatem *PHG* : potentem *E* || explanatio *PGE* : -iõe *H* || in iudicio *om. GE* || durum *recc.* : duorum ω || sic ω : si G^1.

porter un jugement sur ma maison qu'ils ne l'ont jamais été sur les rites des Vestales. Le lendemain, réuni en très grand nombre, le Sénat a décidé [1], alors que tu étais consul désigné, Lentulus, et le premier à donner ton avis, sur le rapport des consuls P. Lentulus et Q. Métellus, en présence de tous les pontifes appartenant à notre ordre sénatorial [2], après que d'autres, auxquels les honneurs du peuple romain donnaient la préséance, eurent longuement commenté le jugement du collège et que tous eurent assisté à la rédaction du décret, que ma maison apparaissait, d'après le jugement des pontifes, affranchie de tout caractère religieux. **14**. Est-ce donc précisément de ce lieu que les haruspices semblent parler en le disant sacré, le seul lieu parmi tous les lieux privés qui porte en particulier ce caractère juridique d'avoir été jugé non sacré par ceux-là mêmes qui président aux cérémonies sacrées ? Mais faites le rapport, comme le sénatus-consulte vous l'enjoint. Ou bien vous serez chargés de l'enquête, vous qui avez donné les premiers votre avis sur cette maison et qui l'avez affranchie de tout caractère religieux ; ou bien le Sénat lui-même jugera, lui qui, à la seule exception de ce grand-prêtre des cérémonies sacrées [3], a déjà, dans une réunion très nombreuse, rendu son jugement ; ou bien, ce qui arrivera sans doute [4], l'affaire sera renvoyée aux pontifes, à l'autorité, à la probité, à la sagesse desquels nos ancêtres ont confié le soin des rites et des cultes tant privés que publics ; comment pourraient-ils juger autrement qu'ils ne l'ont fait ? Beaucoup de maisons dans cette ville, pères conscrits, et peut-être même presque toutes jouissent du meilleur droit, mais d'un droit privé, conféré par héritage, par usage, par

1. Sur cette séance, cf. *Ad Att.*, IV, 2, 4.
2. Sauf César ; une douzaine en tout, malgré *Dom.*, 1.
3. P. Clodius ; cf. § 9 ; *Ad Att.* IV, 2, 4.
4. Cette indication peut suggérer qu'il en fut ainsi décidé.

de caerimoniis uirginum iudicasse. Postero die frequentissimus senatus, te consule designato, Lentule, sententiae principe, P. Lentulo et Q. Metello consulibus referentibus, statuit, cum omnes pontifices qui erant huius ordinis adessent cumque alii qui honoribus populi Romani antecedebant multa de collegi iudicio uerba fecissent omnesque idem scribendo adessent, domum meam iudicio pontificum religione liberatam uideri. **14.** De hoc igitur loco sacro potissimum uidentur haruspices dicere, qui locus solus ex priuatis locis omnibus hoc praecipue iuris habet ut ab ipsis qui sacris praesunt sacer non esse iudicatus sit ? Verum referte, quod ex senatus consulto facere debetis. Aut uobis cognitio dabitur, qui primi de hac domo sententiam dixistis et eam religione omni liberastis, aut senatus ipse iudicabit, qui, uno illo solo antistite sacrorum dissentiente, frequentissimus antea iudicauit, aut — id quod certe fiet — ad pontifices reicietur, quorum auctoritati, fidei, prudentiae maiores nostri sacra religionesque et priuatas et publicas commendarunt ; quid ergo ei possunt aliud iudicare ac iudicauerunt ? Multae sunt domus in hac urbe, patres conscripti, atque haud scio an paene cunctae iure optimo, sed tamen iure priuato, iure hereditario, iure auctoritatis, iure mancipi, iure nexi ; nego

13. senatus *om. E* || pontifices *HGE* : pontuf- *P* || collegi(i) ω : -gio *H*.

14. sacro *om. E* || uidentur ω : -etur G^1 || iuris *PGE* : ius *H* || uerum *PHG* : uere *E* || cognitio *PHG* : -to *E* || hac ω : ac P^1G^1 || religione≡ *P* || illo solo *PGE* : s- i- *H* || auctoritati *PHG* : -ate *E* || ei *edd.* : ii *PG* hi *HE* || haud P^2H : aud P^1 haut *GE* || iure hereditario iure auctoritatis *om. E*.

achat ou par engagement ; j'affirme qu'aucune autre maison n'est munie d'un droit privé égal à celui que donne la meilleure loi, ni de tout le droit public privilégié que les hommes et les dieux ont conféré à la mienne [1] ; **15.** elle qui, d'abord, est reconstruite sur l'ordre du Sénat aux frais de l'État et qui, ensuite, a été prémunie et protégée par tant de sénatus-consultes contre la violence criminelle de ce gladiateur [2]. VIII D'abord, mission a été donnée l'an dernier de mettre à l'abri de la violence mes travaux de construction aux mêmes magistrats à qui est confiée habituellement dans les plus grands périls la république entière ; ensuite, comme ce personnage avait, à coups de pierres, par le feu et par le fer, porté la dévastation dans ma demeure, le Sénat a décidé que les auteurs de l'attentat étaient passibles de la loi sur la violence, prise contre ceux qui ont attaqué la république entière [3] ; et sur votre rapport, ô vous les plus courageux et les meilleurs consuls dont les hommes aient souvenir, le même Sénat, réuni en grand nombre, a décidé que tout acte de violence mené contre ma maison serait dirigé contre la république. **16.** J'affirme qu'aucun édifice public, monument ou temple n'a provoqué autant de sénatus-consultes que ma maison, la seule, depuis la fondation de cette ville, dont le Sénat ait jugé qu'elle devait être reconstruite aux frais du trésor public, affranchie par les pontifes, défendue par les magistrats, vengée par les juges. Si P. Valerius [4] a reçu pour ses mérites éminents envers la république une maison sur le mont

1. Le *ius publicum* comprenait le *ius humanum* et le *ius diuinum*.
2. Cf. § 1. Intr., p. 18.
3. La *lex Lutatia* de 78 (cf. *Pro Cael.*, 70), peut-être amendée par la *lex Plautia* de 70.
4. Poplicola, fondateur de la république, vainqueur des Étrusques et auteur de mesures populaires. Selon d'autres (Tite-Live, II, 7 ; Plutarque, *Publ.*, 10), accusé d'orgueil et de tyrannie, il aurait fait démolir sa maison sur la Vélia et aurait reçu du peuple une propriété au pied de la colline.

esse ullam domum aliam priuato eodem quo quae optima lege, publico uero omni praecipuo et humano et diuino iure munitam ; **15.** quae primum aedificatur ex auctoritate senatus pecunia publica, deinde contra uim nefariam huius gladiatoris tot senati consultis munita atque saepta est. VIII. Primum negotium eisdem magistratibus est datum anno superiore ut curarent ut sine ui aedificare mihi liceret, quibus in maximis periculis uniuersa res publica commendari solet ; deinde, cum ille saxis et ignibus et ferro uastitatem meis sedibus intulisset, decreuit senatus eos qui id fecissent lege de ui, quae est in eos qui uniuersam rem publicam oppugnassent, teneri ; uobis uero referentibus, o post hominum memoriam fortissimi atque optimi consules ! decreuit idem senatus frequentissimus, qui meam domum uiolasset, contra rem publicam esse facturum. **16.** Nego ullo de opere publico, de monumento, de templo tot senatus exstare consulta quot de mea domo, quam senatus unam post hanc urbem constitutam ex aerario aedificandam, a pontificibus liberandam, a magistratibus defendendam, a iudicibus poeniendam putar*it*. P. Valerio pro maximis in rem publicam beneficiis data domus est in Vel*ia* public*e*,

14. quo quae P^2H : quoque P^1GE || lege *PHE* : legem *G*.

15. senati PHE^1 : -tus GE^2 || eisdem *edd.* : is- *PH* iis- *G* his- *E* || sedibus PHE^1 : (a)ed- GE^2 || qui id ω : quid G^1 || referentibus ω : f- P^1 || memoriam *PHG* : meorum a *E* || optimi *HGE* : optumi *P* || consules *PHG* : -lis *E* || frequentissimus *PHG* : -mo *E* || contra *PHG* : et c- *E*.

16. tot *om.* *GE* || quot ω : quod P^1 || unam *PHG* : ullam *E* || liberandam *PHG* : -da *E* || a magistratibus ω : m- *E* || poeniendam G^1 : poeni=endam *P* pun- HG^2E moeniendam *Faber* || putarit *Halm* : -ret Ω || Velia publice *Palmer* : uilla publica ω ulla publica P^1.

Vélia aux frais de l'État, j'ai obtenu le rétablissement de la mienne sur le mont Palatin ; il a eu l'emplacement, mais moi, en outre, les murs et le toit ; il avait à la protéger lui-même d'après le droit privé ; la mienne doit être défendue au nom de l'État par tous les magistrats. Si je m'étais procuré moi-même ou si je tenais d'autrui ces biens, je n'en ferais pas étalage à vos yeux, pour ne pas paraître trop vaniteux ; mais, comme ils m'ont été donnés par vous, comme ils sont attaqués par la langue de celui dont la main les a renversés avant que vous ne les rendiez de vos propres mains à moi-même et à mes enfants, ce n'est pas de mes actions mais des vôtres que je parle, et je ne crains pas que cet éloge de vos bienfaits paraisse dicté moins par la reconnaissance que par l'orgueil [1].

Aveu. 17. D'ailleurs, si, après avoir assumé tant de peines pour le salut commun, je me laissais parfois aller à me glorifier, en réfutant les calomnies des méchants, sous l'effet de quelque ressentiment, qui ne le pardonnerait [2] ? Ainsi, j'ai vu dans la séance d'hier murmurer un homme qui, disait-on, déclarait ne pouvoir me supporter [3], parce que, quand cet infâme parricide [4], toujours le même, demandait à quelle cité j'appartenais [5], j'ai répondu, avec votre approbation et celle des chevaliers romains, que j'appartenais à une cité qui n'aurait pu se passer de moi. L'autre a, je pense, poussé un gémissement. Que devais-je donc répondre ? — je le demande à celui même qui ne peut me supporter. — Que j'étais citoyen

1. Sur ses véritables sentiments, cf. Intr., p. 11-3.

2. Même justification *Dom.*, 93 sqq. ; *Phil.*, XII, 21 ; XIV, 13. Quintilien l'approuve, XI, 1, 18 sqq.

3. De même *Ad Att.*, I, 16, 10 ; *Pro Sul.*, 21 ; *Pro Pl.*, 75.

4. Même injure à l'adresse de Clodius *Dom.*, 26 ; 57 ; 133.

5. On lui reprochait d'être né à Arpinum et d'avoir été exilé : cf. *Ad Att.*, I, 16, 10 ; *Dom.*, 72.

at mihi in Palatio restituta ; illi locus, at mihi etiam parietes atque tectum ; illi quam ipse priuato iure tueretur, mihi quam publice magistratus omnes defenderent. Quae quidem ego si aut per me aut ab aliis haberem, non praedicarem apud uos, ne nimis gloriari uiderer ; sed, cum sint mihi data a uobis, cum ea attemptentur eius lingua cuius ante manu euersa uos mihi et liberis meis manibus uestris reddidistis, non ego de meis, sed de uestris factis loquor, nec uereor ne haec mea uestrorum beneficiorum praedicatio non grata potius quam adrogans uideatur.

17. Quamquam, si me, tantis laboribus pro communi salute perfunctum, ecferret aliquando ad gloriam in re*f*utandis maledictis hominum improborum animi quidam dolor, quis non ignosceret ? Vidi enim hesterno die quendam murmurantem, quem aiebant negare ferre me posse, quia, cum ab hoc eodem impurissimo parricida rogarer cuius essem ciuitatis, respondi me, probantibus et uobis et equitibus Romanis, eius esse quae carere me non potuisset. Ille, ut opinor, ingemuit. Quid igitur responderem ? — quaero ex eo ipso qui ferre me non potest. — Me ciuem esse Romanum ?

16. at P^2HG : ad P^1 aut E || restituta PHG : -am E || at PHG : aut E || etiam *om.* H || me PHG : se E || nimis PHG : minus E || sed cum PH : sed quae GE || eius PH : et e- GE || ante PGE : -ea H || non ego PHG : nego E || uestris factis PGE : f- u- H || grata ω : -tia (?) P^1 || uideatur Ω : esse u- *Zielinski* || *post* uideatur, sed... commotum *ex* § 18 *transf.* Ω.

17. pro... salute *om.* H || ecferret P : eff- G^2 et f- G^1E haec f- H || refutandis *edd.* : repu- Ω || hominum improborum PGE : i- h- H || murmurantem PHG : mihi minantem E || parricida PHG : patri- E || esse *om.* E || me *om.* E || quid ω : qui P^1 || quaero PHE : -re G.

romain ? j'aurais répondu à la lettre [1]. Fallait-il me taire ? c'était abandonner la partie. Un homme d'importance, qui s'est adonné à de grandes choses en soulevant la jalousie, peut-il répondre assez catégoriquement aux outrages d'un ennemi sans faire son propre éloge ? Mais lui, s'il répond tout ce qu'il peut quand il est attaqué, il se réjouit surtout que ses amis lui suggèrent ce qu'il doit répondre.

2e Partie : Commentaire de la réponse.

Respect de la religion ancestrale.

IX, 18. Mais, puisque ma cause a été élucidée, voyons maintenant ce que disent les haruspices. En vérité, je l'avoue, la grandeur du prodige, la solennité de la réponse, la parole une et immuable des haruspices ont fait sur moi une vive impression. Et, si je parais peut-être m'adonner plus que les autres, aussi occupés que moi, à l'étude des lettres, je ne suis pas homme à goûter ou à pratiquer aucunement ces lettres qui éloignent et détournent notre esprit de la religion [2]. Moi, je considère d'abord nos ancêtres comme les inspirateurs et les maîtres dans l'exercice du culte [3], eux dont la sagesse me semble avoir été telle qu'on fait preuve d'une clairvoyance suffisante et même supérieure quand on peut, je ne dis pas atteindre, mais percevoir dans toute son étendue leur propre clairvoyance, eux qui ont jugé que les rites établis et les cérémonies solennelles relèvent du pontificat et la garantie des entreprises favorables de l'augurat, que les anciennes prophéties fatidiques sont

1. Ou peut-être, avec ironie, « subtilement » ; cf. *In Pis.*, 61.
2. Allusion possible à l'épicurisme ; cf. § 19.
3. Même profession de foi *Dom.*, 1-2 ; *De N. D.*, III, 5... *ut opiniones quas a maioribus accepimus de dis immortalibus, sacra, caerimonias religionesque defenderem.*

litterate respondissem. An tacuissem ? desertum negotium. Potest quisquam uir, in rebus magnis cum inuidia uersatus, satis grauiter inimici contumel*iis* sine sua laude respondere ? At ipse non modo respondet quidquid potest, cum est lacessitus, sed etiam gaudet se ab amicis quid respondeat admoneri.

IX, 18. Sed, quoniam mea causa expedita est, uideamus nunc quid haruspices dicant. Ego enim fateor me et magnitudine ostenti et grauitate responsi et una atque constanti haruspicum ⟨uoce⟩ uehementer esse commotum. Neque is sum qui, si cui forte uideor plus quam ceteri, qui aeque atque ego sunt occupati, uersari in studio litterarum, his delecter aut utar omnino litteris quae nostros animos deterrent atque auocant a religione. Ego uero primum habeo auctores ac magistros religionum colendarum maiores nostros, quorum mihi tanta fuisse sapientia uidetur ut satis superque prudentes sint qui illorum prudentiam non dicam adsequi, sed quanta fuerit perspicere possint, qui statas sollem-

Test. : **18.** VALERIVS MAXIMVS, I, 1, 1 maiores statas sollemnesque caerimonias pontificum scientia, bene gerendarum rerum auctoritates augurum obseruatione, Apollinis praedictiones uatum libris, portentorum depulsi*ones* Etrusca disciplina explicari uoluerunt.

17. an *PH* : au *G* aut *E* || magnis ω : -ni P^1 || contumeliis *Madvig* : -liam Ω || at ω : ad P^1 || quidquid P^1H : quicquid P^2GE.
18. sed... commotum *ad* § 16 *transf.* Ω || nunc ω : nun *P* || uoce *Angelius* : *om.* Ω || uehementer *om. H* || commotum *PHG* : eō modū *E* || is *PHG* : os *E* || atque *PH* : at *E* ut *G* || delecter P^1H : -tari P^2GE || aut *HE* : aud≡ P^1 haut G^1 haud≡ P^2 haud G^2 || animos *PH* : amicos *GE* || magistros *PH* : -ratus *GE* || tanta fuisse *PGE* : f- t- *H* || possint ω : -sent P^1 || statas *G, Val. Max.* : statutas *H* stara P^1 statura P^2 statis *E* || sollemnis P^2H : sole- P^1 -nes *E, Val. Max.*

contenues dans les livres des devins d'Apollon et l'expiation des prodiges dans la doctrine des Étrusques [1], doctrine d'une telle valeur, en vérité, que, de nos jours, d'abord les funestes commencements de la guerre italique [2], puis la perturbation presque fatale du temps de Sylla et de Cinna [3], enfin cette récente conjuration destinée à incendier la ville et à détruire l'empire [4] nous ont été prédits par eux sans obscurité peu de temps auparavant. **19.** Ensuite, le loisir dont j'ai pu jouir m'a même appris que des hommes instruits et sages ont beaucoup parlé et laissé de nombreux écrits sur la puissance des dieux immortels ; et, bien que je voie dans ces œuvres une inspiration divine, elles me paraissent toutefois de nature à faire croire que nos ancêtres ont été les maîtres et non les disciples de ces auteurs. En effet, qui est assez dépourvu de raison, après avoir regardé le ciel, pour ne pas sentir qu'il existe des dieux et pour attribuer au hasard ce qui résulte d'une intelligence telle que l'on a peine à trouver le moyen de suivre l'ordonnance et la nécessité des choses, ou bien, quand il a compris qu'il existe des dieux, pour ne pas comprendre que leur puissance a causé la naissance, l'accroissement et la conservation d'un empire tel que le nôtre [5] ? Nous avons beau, pères conscrits, nous flatter au gré de nos désirs, ce n'est pas néanmoins par le nombre que nous avons surpassé les Espagnols,

1. Ces quatre groupes de prêtres se ramènent à trois dans le *De Leg.*, II, 20, le *De N. D.*, III, 5, et chez Varron, *ap.* Augustin, *De Ciu. Dei*, VI, 3 : les haruspices, de tradition étrusque, ici détachés intentionnellement, y sont associés aux quindécemvirs, qui examinaient les livres sibyllins, ou omis par Varron. Le texte de Valère Maxime dérive de notre passage.

2. En 91. Cf. *De Diu.*, I, 99. Pline, *H. N.*, II, 98 ; VIII, 221.

3. De 88 à 82. Cf. § 54 ; *De N. D.*, II, 14 ; *De Diu.*, I, 99. Pline, *H. N.*, II, 92 ; Plutarque, *Syl.*, 7.

4. En 63. Cf. *Cat.*, III, 9 ; 19-20 ; *De Diu.*, II, 45 ; 47. Pline, *H. N.*, II, 137 ; Dion Cassius, XXXVII, 25, 1-2.

5. Même idée *Pro Mil.*, 83-4 ; *De N. D.*, I, 14 ; *De Diu.*, II, 148.

nisque caerimonias pontificatu, rerum bene gerendarum auctoritates augurio, fatorum ueteres praedictiones Apollinis uatum libris, portentorum exp*i*ationes Etruscorum disciplina contineri putauerunt ; quae quidem tanta est ut nostra memoria primum Italici belli funesta illa principia, post Sullani Cinnanique temporis extremum paene discrimen, tum hanc recentem urbis inflammandae delendique imperi coniurationem non obscure nobis paulo ante praedixerint. **19.** Deinde, si quid habui *o*t*i*, etiam cognoui multa homines doctos sapientisque et dixisse et scripta de deorum immortalium numine reliquisse ; quae quamquam diuinitus perscripta uideo, tamen eiusmodi sunt ut ea maiores nostri docuisse illos, non ab illis didicisse uideantur. Etenim quis est tam uaecors qui aut, cum suspexit in caelum, deos esse non sentiat et ea quae tanta mente fiunt ut uix quisquam arte ulla ordinem rerum ac necessitudinem persequi possit casu fieri putet, aut, cum deos esse intellexerit, non intellegat eorum numine hoc tantum imperium esse natum et auctum et retentum ? Quam

-mpnes *G* || caerimonias ω, *Val. Max.* : cerimoniis *H* || gerendarum *HG*, *Val. Max.* : gerund-*P* gerendum *E* || praedictiones *recc.* : praedicat- ω praedic(a)tione *Val. Max.* || apollinis *P*[2]*GE*, *Val. Max.* : app- *H* apollonis *P*[1], *ante* praedictiones *transf. Val. Max.*, *del. Karsten* || expiationes *Sigonius* : expla- *P*[1] explanationes ω depulsiones *Val. Max.* || putauerunt *PGE* : putar- *H* || post sullani *P* : p- sil- *HG* pusil- *E* || cinnani *G* : -niani *PH* cinatu *E* || tum *PHG* : tu *E* || urbis *PHG* : urbem *E* || inflammandae *PHG* : -nti *E*.

19. si... oti *om. H* || habui otii *Orelli* : h- tolli *P* habuit tolli *GE* || doctos P[1] : -tissimos ω || de *recc.* : *om.* ω || perscripta *PHE* : praes- *G* || caelum ω : -lo *P*[1] || esse non sentiat *HG* : n- s- *P* (*fort. recte*) esse consenciat *E* || ea ω : eam *P*[1] || tanta *om. GE* || ac ω : hac *P*[2] || eorum *om. GE* || retentum *PHG*[2] : recen- *G*[1]*E*.

ni par la force les Gaulois, ni par l'habileté les Carthaginois, ni par les arts les Grecs [1], ni enfin par ce bon sens naturel et inné propre à cette race et à cette terre les Italiens eux-mêmes et les Latins, mais c'est par la piété et la religion, et aussi par cette sagesse exceptionnelle qui nous a fait percevoir que la puissance des dieux règle et gouverne tout, que nous l'avons emporté sur tous les peuples et toutes les nations.

A) *LES SACRILÈGES*

Interprétation du prodige.

X, **20**. Dans ces conditions, pour ne pas parler plus longtemps d'un fait qui ne laisse aucun doute, prêtez attention et ouvrez vos esprits, et pas seulement vos oreilles, à la voix des haruspices : « Vu que dans le territoire latin un grondement s'est fait entendre avec un bruit (d'armes) [2] ». Je laisse de côté les haruspices, je laisse de côté cette ancienne doctrine que les dieux immortels eux-mêmes, d'après la tradition courante, ont révélée à l'Étrurie ; nous-mêmes ne pouvons-nous pas être des haruspices ? On a entendu dans la campagne proche, suburbaine un grondement sourd et un horrible bruit d'armes. Y aurait-il, parmi ces géants dont les poètes racontent [3] qu'ils ont porté la guerre aux dieux immortels, un être assez impie pour ne pas reconnaître que par ce bouleversement si nouveau et si fort les dieux annoncent et prédisent au peuple romain quelque grand événement ? A ce sujet, la réponse porte « que réparation est exigée pour Jupiter, Saturne, Neptune, Tellus et les divinités célestes [4] ». **21**. J'entends bien à quels dieux outragés est due une expiation, mais je cherche pour quels méfaits

1. Cf. *Tusc.*, I, 1 sqq. Salluste, *Cat.*, 53.
2. Cf. Intr., p. 14.
3. Cf. § 57 ; 59 ; *Cat. M.*, 5 *gigantum modo bellare cum dis.*
4. Cf. § 31. Varron, *De L. L.*, V, 148. Intr., p. 15.

uolumus licet, patres conscripti, ipsi nos amemus, tamen nec numero Hispanos nec robore Gallos nec calliditate Poenos nec artibus Graecos nec denique hoc ipso huius gentis ac terrae domestico natiuoque sensu Italos ipsos ac Latinos, sed pietate ac religione atque hac una sapientia, quod deorum numine omnia regi gubernarique perspeximus, omnis gentis nationesque superauimus.

X, **20**. Quare, ne plura de re minime loquar dubia, adhibete animos et mentis uestras, non solum auris, ad haruspicum uocem admouete : « Quod in agro Latiniensi auditus est strepitus cum fremitu. » Mitto haruspices, mitto illam ueterem ab ipsis dis immortalibus, ut hominum fama est, Etruriae traditam, disciplinam ; nos nonne haruspices esse possumus ? Exauditus in agro propinquo et suburbano est strepitus quidam reconditus et horribilis fremitus armorum. Quis est ex gigantibus illis, quos poetae ferunt bellum dis immortalibus intulisse, tam impius qui hoc tam nouo tantoque motu non magnum aliquid deos populo Romano praemonstrare et praecinere fateatur ? De ea re scriptum est : « Post*il*[at]iones esse Ioui, Saturno, Neptuno, Telluri, dis caelestibus. » **21**. Audio quibus dis uiolatis expiatio debeatur, sed hominum quae ob delicta quaero : « Ludos minus diligenter factos pollutosque. » Quos

19. licet patres conscripti *PGE* : p- c- l- *H* || nationesque ω : -es *H*.
20. mentes *PH* : omnes *GE* || auris *G* : aures *P²HE* haures *P¹* || (h)aruspicum ω : haris- *P¹* || admouete *PHG* : -ue *E* || latiniensi *recc.* : lati≡ensi *P* latiensi *HGE* || haruspices *P²* : a- ω || etruriae *PG¹* : ethru- G² aethru- *H* et curiae *E* || (h)aruspices *HGE* : haruspici≡ s *P* || et *PHG* : ut *E* || reconditus *PHG* : recolitur *E* || postiliones *Orelli* : postulationes Ω.

humains. « Que des jeux ont été célébrés avec trop peu de soin et profanés. » Quels jeux ? Je fais appel à toi, Lentulus — de ton sacerdoce [1] dépendent les chariots [2] et les chars, le prélude musical, les jeux, les libations et les banquets des jeux [3] — et à vous, pontifes, auxquels les prêtres de Jupiter Très bon et Très grand rapportent toutes les omissions ou erreurs et sur l'avis desquels on renouvelle et recommence la célébration de ces mêmes cérémonies : quels jeux ont été célébrés avec trop peu de soin, quand et par quelle souillure ont-ils été profanés ? Tu répondras pour toi, pour tes collègues et même pour le collège des pontifes que nul n'a rien omis par négligence ni profané par souillure, que tous les rites solennels et réguliers des jeux ont été accomplis dans l'observation de tous les détails avec la plus scrupuleuse exactitude.

Profanation des jeux mégalésiens.

XI, 22. Quels sont donc les jeux qui, d'après les haruspices, ont été célébrés avec trop peu de soin et profanés ? Ceux dont les dieux immortels eux-mêmes et cette Mère du mont Ida qui avait été reçue par les mains de ton trisaïeul [4] ont voulu t'avoir pour spectateur, toi, oui, toi-même, Cn. Lentulus. Si tu n'avais pas voulu assister ce jour-là aux fêtes mégalésiennes [5], je ne sais s'il nous serait encore possible de vivre et de gémir sur cette affaire. En effet, une troupe innombrable d'esclaves, surexcitée, ramassée dans toutes les rues, lancée soudain par ce pieux édile, surgit de toutes les voûtes et de toutes les portes et, à un signal donné, se

1. Celui des *septemuiri epulones,* créé en 196.
2. Pour mener en procession les statues des dieux. Cf. § 23.
3. L'*epulum Iouis* se célébrait le 13 novembre aux *ludi plebeii* et probablement le 13 septembre aux *ludi Romani*.
4. P. Cornelius Scipio Nasica, chargé d'accueillir l'idole de Cybèle en 204 (cf. § 27), était, en fait, son quadrisaïeul.
5. Cf. Intr., p. 8 ; 19.

ludos ? Te appello, Lentule, — tui sacerdoti sunt tensae, curricula, praecentio, ludi, libationes epulaeque ludorum — uosque, pontifices, ad quos epulones Iouis Optimi Maximi si quid est praetermissum aut commissum adferunt, quorum de sententia illa eadem renouata atque instaurata celebrantur : qui sunt ludi minus diligenter facti, quando aut quo scelere polluti ? Respondebis et pro te et pro collegis tuis, etiam pro pontificum collegio, nihil cuiusquam aut neglegentia contemptum aut scelere esse pollutum, omnia sollemnia ac iusta ludorum, omnibus rebus obseruatis, summa cum caerimonia esse seruata.

XI, **22**. Quos igitur haruspices ludos minus diligenter factos pollutosque esse dicunt ? Eos quorum ipsi di immortales atque illa Mater *I*daea te, te, Cn. Lentule, cuius abaui[a] manibus esset accepta, spectatorem esse uoluit. Quodni tu Megalesia illo die spectare uoluisses, haud scio an uiuere nobis atque his de rebus iam queri ⟨non⟩ liceret. Vis enim innumerabilis incitata, ex omnibus uicis collecta, seruorum, ab hoc aedil*e* religioso repente ⟨e⟩ fornicibus ostiisque omnibus in scaenam signo dato immissa, inrupit. Tua tum, tua, Cn. Lentule, eadem uirtus fuit quae in priuato quondam tuo proauo ; te, nomen, imperium, uocem, adspectum,

21. sacerdoti(i) *PHG* : -tis *E* || uosque *PHG* : u- p *E* || adferunt *P* : aff- *HG* asse- *E* || quando *recc.* : quanto ω || neglegentia *PHG* : negligentiam *E* || rebus *om. E.*

22. pollutos *HGE* : pollu=tos *P* || que *om. E* || Idaea *Faernus* : daea *P* dea *HGE* || abaui *Fabricius* : -ia Ω || haud *H* : haut P^2*GE* aut P^1 || queri *HGE* : quaere *P* || non *add. Mueller* || aedile *Wolf* (cf. § 24) : -li Ω || e *add. Baiter* || inrupit *P* : irr- *GE* irripuit *H* || adspectum P^1 : as- ω.

précipita sur la scène. Tu montras alors, Cn. Lentulus, tu montras le même courage dont fit preuve jadis ton bisaïeul à titre privé [1] ; ta personne, ton nom, ton pouvoir, ta voix, ton aspect, ton élan étaient suivis résolument par le Sénat, les chevaliers romains et tous les gens de bien, alors que l'autre avait livré à une masse d'esclaves railleurs le Sénat et le peuple romain, enchaînés par l'assistance même, entravés [2] par les gradins, embarrassés par la confusion et l'exiguité des lieux. **23.** Voyons, si le danseur s'est arrêté ou si le joueur de flûte s'est tu subitement [3], si l'enfant qui a encore père et mère [4] a cessé de tenir le chariot ou s'il a lâché la courroie, si l'édile a commis une erreur dans la formule ou avec le puisoir [5], les jeux n'ont pas été célébrés rituellement, ces fautes sont expiées et les dispositions des dieux immortels sont apaisées par le renouvellement des jeux [6] ; mais si les jeux ont passé de la joie à la peur, s'ils ont été, non pas interrompus, mais anéantis et supprimés, si la cité entière, par le crime de celui qui a voulu convertir les jeux en une scène de deuil, a vu ces jours de fête devenir pour elle presque funèbres, nous hésiterons à dire de quels jeux ce bruit (d'armes) annonce la profanation ? **24.** Et si nous voulons nous rappeler les traditions relatives à chaque divinité, cette Grande Mère, dont les jeux ont été souillés, profanés, presque transformés en meurtres et en funérailles pour la cité, cette déesse, dis-je, passe pour parcou-

1. P. Cornelius Scipio Nasica, qui prit l'initiative de pourchasser et de massacrer Ti. Gracchus en 133.

2. Même image *Dom.*, 113 ; *Pro Sest.*, 24.

3. Les *ludii* ou *ludiones*, d'origine étrusque, dansaient au son de la flûte dans les processions : cf. Tite-Live, VII, 2, 4.

4. Sens attesté par Festus, p. 113 L. ; ce devait être à l'origine un fils de patriciens mariés par *confarreatio*. Cf. § 21.

5. Cf. Festus, p. 455 L. *uas paruulum, non dissimile cyatho, quo uinum in sacrificiis libabatur.*

6. Cf. Tite-Live, V, 52, 9. Cicéron évoque la *pompa circensis* aux *ludi plebeii* ou *Romani*.

impetum tuum stans senatus equitesque Romani et omnes boni sequebantur, cum ille seruorum e[t]ludentium multitudini senatum populumque Romanum, uinctum ipso consessu et constrictum spectaculis atque impeditum turba et angustiis, tradidisset. **23.** An si ludius constitit aut tibicen repente conticuit, aut puer ille patrimus et matrimus si te*ns*am non tenuit, si lorum omisit, aut si aedilis uerbo aut simpuio aberrauit, ludi sunt non rite facti eaque errata expiantur et mentes deorum immortalium ludorum instauratione placantur ; si ludi ab laetitia ad metum traducti, si non intermissi sed perempti atque sublati sunt, si ciuitati uniuersae scelere eius qui ludos ad luctum conferre uoluit exstiterunt dies illi pro festis paene funesti, dubitabimus quos ille fremitus nuntiet ludos esse pollutos ? **24.** Ac, si uolumus ea quae de quoque deo nobis tradita sunt recordari, hanc Matrem Magnam, cuius ludi uiolati,

Test. : **23.** Arnobivs, *Adu. Nat.*, IV, 31 si per imprudentiae lapsum aut in uerbo quispiam aut simpuuio deerrarit..., si lydius constitit aut tibicen repente conticuit aut si patrimus ille qui uocitatur puer omiserit per ignorantiam lorum aut terram tenere non potuit...

22. seruorum ω : s- uinctum ipso et G^1 ‖ eludentium *R. Klotz* : et l- Ω ‖ consessu ω : -ensu P^1 ‖ spectaculis *P* : in s- *HGE*.

23. an *PGE* : aut *H* ‖ ludius P^1 P^3 : lydius *Arn.* ludus ω ‖ tibicen *G, Arn.* : tibicen≡*P* -ne *H* tibi cernere E^1 tibi cerne E^2 ‖ et matrimus *om. Arn.* ‖ tensam non tenuit *Augustinus* : terram n- t- aut tensam (attensam P^1E^1 a tensam G^1) Ω terram tenere non potuit *Arn.* ‖ si lorum *PHG* : syl- *E* ‖ simpuio P^1 : simbulo P^2 simpulo *GE* si muto *H* sympuuio *Arn.* ‖ aberrauit Ω : deerrarit *Arn.* ‖ errata P^2H : erat P^1 rata *GE* ‖ instauratione *PH* : -em *G* -o non E^1 -e non E^2 ‖ l(a)etitia (leticia *H*) *PHG* : solentia *E* ‖ traducti *PGE* : t- sunt *H* ‖ sed perempti *om. GE* ‖ festis *P* : -i *HGE* ‖dubitabimus *H* : -auimus *PE* -amus *G*.

24. quoque deo (deco *G*) *PHG* : d- q- *E* ‖ magnam *PHE* : -num *G*.

rir les champs et les bois avec un grondement et un bruit particuliers [1]. XII. C'est donc elle, oui, c'est elle qui vous a montré ainsi qu'au peuple romain les indices des crimes et révélé les signes des dangers. Faut-il vous parler de ces jeux dont nos ancêtres ont fixé la célébration sur le Palatin, devant le temple et sous le regard même de la Grande Mère, aux fêtes mégalésiennes, que l'usage et les institutions ont rendus particulièrement saints, solennels et sacrés, ces jeux où pour la première fois P. Africanus l'Ancien, pendant son deuxième consulat, a réservé des places au Sénat devant les gradins du peuple [2], pour que ces jeux reçoivent de cette peste immonde une telle souillure ? Tout homme libre qui s'y était rendu par curiosité ou même par dévotion était l'objet de sévices, aucune matrone n'y est venue à cause des violences et de l'auditoire servile. Ainsi, des jeux si sacrés qu'on les a fait venir des régions les plus éloignées [3] pour les établir dans cette ville, les seuls qui ne soient pas même désignés par un mot latin, pour que leur propre dénomination atteste qu'il s'agit d'un culte étranger, célébré sous le nom de la Grande Mère, ces jeux ont eu des esclaves pour acteurs, des esclaves pour spectateurs, en un mot, sous un tel édile, les fêtes mégalésiennes ont appartenu tout entières à des esclaves. 25. O dieux immortels ! pourriez-vous mieux nous parler si vous étiez et viviez au milieu de nous ? Que les jeux ont été profanés, vous

1. Dans un char tiré par des lions, avec une escorte d'hommes armés et de musiciens bruyants : cf. Lucrèce, II, 601 sqq. ; Catulle, LXIII. H. Graillot, *Le culte de Cybèle*, pass.

2. Asconius, § 69-70 Clark, a relevé ici deux erreurs intentionnelles : comme Cicéron l'a dit lui-même dans le *Pro Cornelio* et comme le confirme Tite-Live, XXXIV, 44, 5 ; 54, 4-8, cette mesure a été prise aux *ludi Romani* par les édiles curules, sur la suggestion faite en 194 par Scipion, qui l'a regrettée ensuite. Valère-Maxime, II, 4, 3, a suivi la version des *ludi Megalenses* et ajouté une confusion avec Scipion Émilien.

3. De Phrygie : cf. § 27-8.

polluti, paene ad caedem et ad funus ciuitatis conuersi sunt, hanc, inquam, accepimus agros et nemora cum quodam strepitu fremituque peragrare. XII. Haec igitur uobis, haec populo Romano et scelerum indicia ostendit et periculorum signa patefecit. Nam quid ego de illis ludis loquar, quos in Palatio nostri maiores ante templum in ipso Matris Magnae conspectu Megalesibus fieri celebrarique uoluerunt, qui sunt more institutisque maxime casti, sollemnes, religiosi, quibus ludis primum ante populi consessum senatui locum P. Africanus, iterum consul, ille maior dedit, ut eos ludos haec lues impura pollueri*t* ? Quo si qui liber aut spectandi aut etiam religionis causa accesserat, manus adferebantur, quo matrona nulla adiit propter uim consessumque seruorum. Ita ludos eos quorum religio tanta est ut ex ultimis terris arcessita in hac urbe consederit, qui uni ludi ne uerbo quidem appellantur Latino, ut uocabulo ipso et appetita religio externa et Matris Magnae nomine suscepta declaretur, hos ludos serui fecerunt, serui spectauerunt, tota denique hoc aedile seruorum Megalesia fuerunt. **25.** Pro di immortales !

Test. : **24.** Asconius, p. 55, 21 St. = § 61-62 Clark nam... consul.

24. polluti ω : -ui P^1 || igitur *PHG* : eodem i- *E* || scelerum P^2*HG* : s- p c P^1 -rarum *E* || in ipso *om. Asc.* || conspectu *om. Asc.* || megale(n)sibus Ω : *om. Asc.*, *del. Muretus* || qui... religiosi *om. Asc.* || more *PHG* : meae *E* || institutis ω : -uti P^1 || ludis primum Ω : p- l- *Asc.* || consessum P^2*HE* : cessum P^1 confe- *G* || p. *HGE*, *Asc.* : *om. P* || polluerit *Faernus* : -ret Ω || adiit *H* : adit *PGE* || consessum *PHG* : -ensum *E* || uni (unius *E*) ludi ne *PGE* : l- ne uno *H* || ipso *PHG* : -os *E* || seruorum *om. E.*
25. pro di(i) *HG* : peridi *P* per deos *E*.

l'avez montré et vous le dites clairement ; peut-il y avoir pire souillure, flétrissure, altération, perturbation que lorsque toute la gent servile, lâchée avec l'autorisation d'un magistrat, est lancée sur une scène et postée devant l'autre [1], en sorte que l'un des auditoires soit soumis à la puissance des esclaves, l'autre composé entièrement d'esclaves ? Si un essaim d'abeilles [2] avait envahi pendant les jeux la scène ou l'hémicycle, nous croirions devoir appeler les haruspices de l'Étrurie ; et nous voyons tous ensemble de si gros essaims d'esclaves lancés soudain contre le peuple romain, enclos et enfermé, sans nous émouvoir ? D'ailleurs, devant un essaim d'abeilles, peut-être les haruspices, consultant les livres des Étrusques, nous mettraient-ils en garde contre la gent servile ; **26.** ainsi, un malheur, contre lequel un signe tiré de quelque prodige distinct et différent nous mettrait en garde, quand il se sert de présage à lui-même et quand le péril est contenu dans la chose même qui annonce le péril, ne nous fera pas trembler d'effroi ? Est-ce ainsi que ton père [3], est-ce ainsi que ton oncle [4] ont célébré les fêtes mégalésiennes ? Il vient encore me parler de sa naissance, quand il a choisi, pour célébrer les jeux, l'exemple d'Athénion et de Spartacus [5] plutôt que celui de C. ou d'App. Claudius ? Eux, quand ils célébraient les jeux, ils donnaient l'ordre aux esclaves de quitter l'hémicycle ; toi, tu as lancé les esclaves dans un théâtre et chassé de l'autre les hommes libres. Ainsi, ceux qui jadis étaient séparés des hommes libres par la voix du héraut [6], lors de tes jeux écartaient

1. Mention imprécise ; cf. § 22 ; 26. Intr., p. 19, n. 1.
2. Cf. Tite-Live, XXXV, 9 ; Pline, *H. N.*, XI, 55 ; Obsequens, *pass.*
3. App. Claudius Pulcher, édile vers 91 ; cf. *Pro Pl.*, 51.
4. C. Claudius Pulcher, qui, édile en 99, donna des jeux somptueux : cf. *De Sign.*, 6 ; 133. Pline, *H. N.*, VIII, 19 ; XXXV, 23.
5. Deux chefs d'esclaves révoltés, l'un en Sicile de 104 à 101 (cf. *Ad Att.*, II, 12, 2), l'autre en Italie de 73 à 71.
6. Les esclaves étaient exclus des jeux : Plaute, *Poen.*, 23-6.

qui magis nobiscum loqui possetis, si essetis uorsareminique nobiscum ? Ludos esse pollutos significastis ac plane dicitis ; quid magis inquinatum, deformatum, peruersum, conturbatum dici potest quam omne seruitium, permissu magistratus liberatum, in alteram scaenam immissum, alteri praepositum, ut alter consessus potestati seruorum obiceretur, alter seruorum totus esset ? Si examen apium ludis in scaenam caueam ⟨ue⟩ uenisset, haruspices acciendos ex Etruria putaremus ; uidemus uniuersi repente examina tanta seruorum immisa in populum Romanum, saeptum atque inclusum, et non commouemur ? Atque in apium fortasse examine nos ex Etruscorum scriptis haruspices ut a seruitio caueremus monerent ; **26.** quod igitur ex aliquo diiuncto diuersoque monstro significatum caueremus, id, cum ipsum sibi monstrum est et cum in eo ipso periculum est ex quo periculum portenditur, non pertimescemus ? Istius modi Megalesia fecit pater tuus, istius modi patruus ? Is mihi etiam generis sui mentionem facit, cum Athenionis aut Spartaci exemplo ludos facere maluerit quam C. aut App. Claudiorum ? Illi, cum ludos facerent, seruos de cauea exire iubebant ; tu in alteram seruos immisisti, ex altera liberos eiecisti.

25. permissu *PGE* : -um *H* || liberatum *HG* : -us P^1E -rtum P^2 || consessus *PHG* : -ensus *E* || potestati *PGE* : -is *H* || examen apium *PHG* : ex omnia pium *E* || scaenam caueamue *Mommsen* : caenam caueam P^1 sc(a)enam ω caueam *A. Klotz* || etruria *PGE* : ethru- *H* || apium ω : app. P^1 || nos *H* : nosset P^1 nos et P^2 nossent *GE* || etruscorum *PGE* : ethru-*H* || ut *PH* : et *GE*.

26. diiuncto *PH* : disiu- *GE* || in *om.* *E* || portenditur *PH* : praeten- *GE* || pertimescemus *PHE* : -ur *G* || istius... tuus *om.* *G* || istius... is *om.* P^1 || generis sui mentionem *PH* : m- g- s- *GE* || spartaci *P* : -tagi HGE^2 partagi E^1 || immisisti *PGE* : -tis *H*.

d'eux les hommes libres, non par la voix, mais par la main. XIII. Et il ne te venait même pas à l'esprit, à toi, un prêtre de la Sibylle [1], que nos ancêtres ont institué ces cérémonies sacrées d'après vos livres [2] ? si toutefois ce sont bien vos livres ceux que tu recherches avec une intention impie, que tu lis avec des yeux impurs, que tu touches avec des mains souillées. 27. C'est donc sur le conseil de cette prophétesse, dans un temps où l'Italie était épuisée par la guerre punique et dévastée par Annibal, que nos ancêtres ont fait venir ce culte de Phrygie [3] pour l'établir à Rome ; il y fut accueilli par l'homme jugé le meilleur du peuple romain, P. Scipion, et par la femme estimée la plus vertueuse des matrones, Q. Claudia [4], dont l'antique austérité a été, pense-t-on, merveilleusement imitée par ta sœur [5] ! Ainsi, ni tes ancêtres, associés à ces rites sacrés, ni ton propre sacerdoce, sur lequel ils reposent tout entiers, ni l'édilité curule, qui a pour tâche essentielle de les maintenir, rien ne t'a empêché de rendre les jeux les plus purs profanés par toute sorte d'infamies, souillés par le déshonneur, marqués par le crime ?

Dévastation du sanctuaire de Pessinonte.

28. Mais pourquoi m'en étonné-je ? n'as-tu pas, après avoir reçu de l'argent, dévasté la ville même de Pessinonte [6], siège et résidence de la Mère des dieux, vendu au Gallogrec Brogitaros [7], un personnage infâme

1. *XV uir sacris faciundis* ; cf. § 9 ; 18. Intr., p. 10.
2. En 204. Cf. Tite-Live, XXIX, 10, 4 sqq.
3. Originaire de Pessinonte (§ 28. Tite-Live, XXXIX, 10, 7), Cybèle semble venue de Pergame à Rome (Varron, *De L. L.*, VI, 15).
4. Cf. § 22 ; *Pro Cael.*, 34. Tite-Live, XXIX, 14.
5. Cf. § 9 ; *Pro Cael.*, 34.
6. Entre la Phrygie et la Galatie : cf. Strabon, XII, p. 567.
7. Gendre de Déjotaros, que Clodius fit roi de Galatie en 58 contre le versement et la promesse de subsides ; cf. § 29 ; 58-9 ; *Dom.*, 60 ; 129 ; *Pro Sest.*, 56 ; 84 ; *Ad Q. Fr.*, II, 7, 2.

Itaque, qui antea uoce praeconis a liberis semouebantur, tuis ludis non uoce sed manu liberos a se segregabant. XIII. Nec hoc quidem tibi in mentem ueniebat, Sibullino sacerdoti, haec sacra maiores nostros ex uestris libris expetisse ? si illi sunt uestri, quos tu impia mente conquiris, uiolatis oculis legis, contaminatis manibus attrectas. **27.** Hac igitur uate suadente, quondam defessa Italia Punico bello atque ⟨ab⟩ Hannibale uexata, sacra ista nostri maiores adscita ex Phrygia Romae conlocarunt ; quae uir is accepit qui est optimus populi Romani iudicatus, P. Scipio, femina autem quae matronarum castissima putabatur, Quinta Claudia, cuius priscam illam seueritatem [sacrificii] mirifice tua soror existimatur imitata. Nihil te igitur neque maiores tui coniuncti cum his religionibus neque sacerdotium ipsum, quo est haec tota religio constituta, neque curulis aedilitas, quae maxime hanc tueri religionem solet, permouit quominus castissimos ludos omni flagitio pollueres, dedecore maculares, scelere obligares ?

28. Sed quid ego id admiror ? qui, accepta pecunia, Pessinuntem ipsum, sedem domiciliumque Matris deorum uastaris et Brogitaro Gallograeco, impuro homini ac nefario, cuius legati, te tribuno, diuidere in

26. uoce *PHG* : -em *E* || nec *PHG* : ne *E* || in mentem *PHG* : imminen-*E* || sibullino *PHE* : sibyl- *G* || libris *P*[2]*HE* : liberis *P*[1]*G*.
27. hac ω : at *G*[1] || ab *edd.* : *om.* Ω || nostri maiores *PGE* : m- n- *H* || phrygia *P* : phrigia *H* phyrgia *GE* || femina autem quae *PH* : feminasque *G* femina haecque *E* || quinta ω : -ncta *P*[1] || sacrificii Ω, *Sydow* : *del. Ernesti* || mirifice *recc.* : -ca ω mirifica cura *Sydow* || mirifica tua soror *PGE* : t- s- m- *H* || nihil *PHG* : ni hoc *E* || his *PHE* : iis *G* || dedecore *HG* : decore *P* -orares *E*.
28. pessinuntem *PH* : -te *G* possum montem *E* || cuius... solebant *om. H* || legati te *P*[2] : -ate *P*[1]*GE*, *om. H*.

et abominable, dont les délégués venaient sous ton tribunat distribuer des pièces à tes mercenaires dans le temple de Castor [1], toute cette région et son sanctuaire, arraché le prêtre aux autels mêmes et aux lits sacrés, anéanti tous ces objets que l'antiquité, les Perses, les Syriens, tous les rois qui ont dominé l'Europe et l'Asie ont toujours honorés du plus grand respect [2], ces objets enfin que nos ancêtres ont jugés tellement sacrés que, quand nous avions déjà Rome et l'Italie pleines de sanctuaires, au cours des guerres les plus importantes et les plus périlleuses nos généraux faisaient des vœux à cette déesse et se rendaient dans la ville même de Pessinonte, devant le principal autel et dans le sanctuaire de cette région, pour s'en acquitter [3]. **29.** Ce sanctuaire, que, plein de dévotion, Déjotaros entretenait pieusement, lui qui, de tout l'univers, se montre le plus fidèle à notre empire et le plus attaché au nom romain [4], tu l'as, comme je l'ai dit, adjugé pour de l'argent et livré à Brogitaros. Et cependant ce Déjotaros, que le Sénat a souvent jugé digne du titre de roi, que les plus illustres généraux ont comblé de témoignages flatteurs [5], tu veux encore qu'il soit appelé roi en compagnie de Brogitaros. Mais l'un a été fait roi par nous sur décision du Sénat, Brogitaros a été appelé roi par toi pour de l'argent... [6] Je croirai à la royauté de l'autre quand il aura de quoi te rendre ce que tu lui as prêté par contrat. Parmi les nombreuses qualités royales de Déjotaros, je relève surtout qu'il ne t'a pas

1. Situé au centre du forum, dédié en 484, reconstruit en 117, il fut transformé en dépôt d'armes par Clodius ; cf. § 49 ; *Dom.*, 54 ; *Pro Sest.*, 34 ; *In Pis.*, 23 ; *Par.*, IV, 30.
2. Cf. H. Graillot, *Le culte de Cybèle*, p. 9-24.
3. Seul témoignage, repris par Valère-Maxime, I, 1, 1.
4. Tétrarque de Galatie, il reçut de Pompée et du Sénat le titre de roi avec la possession de l'Arménie, et resta toujours fidèle aux Romains.
5. Cf. *Pro Dei.*, 10 ; 27 ; 37 ; *Ad Att.*, V, 17, 3 ; *Phil.*, XI, 33-4.
6. Le texte est corrompu ou lacunaire.

aede Castoris tuis operis nummos solebant, totum illum locum fanumque uendideris, sacerdotem ab ipsis aris puluinaribusque detraxeris, omnia illa, quae uetustas, quae Persae, quae Suri, quae reges omnes qui Europam Asiamque tenuerunt semper summa religione coluerunt, peruerteris, quae denique nostri maiores tam sancta duxerunt ut, cum refertam urbem atque Italiam fanorum haberemus, tamen nostri imperatores maximis et periculosissimis bellis huic deae uota facerent eaque in ipso Pessinunte ad illam ipsam principem aram et in illo loco fanoque persoluerent. **29.** Quod, cum Deiotarus religione sua castissime tueretur, quem unum habemus in orbe terrarum fidelissimum huic imperio atque amantissimum nostri nominis, Brogitaro, ut ante dixi, addictum pecunia, tradidisti. Atque hunc tamen Deiotarum, saepe a senatu regali nomine dignum existimatum, clarissimorum imperatorum testimoniis ornatum, tu etiam regem appellari cum Brogitaro iubes. Sed alter est rex iudicio senatus per nos, pecunia Brogitarus per te appellatus... Alterum putabo regem, si habuerit unde tibi soluat quod ei per syngrapham credidisti. Nam, cum multa regia sunt in Deiotaro, tum illa maxime quod tibi nummum nullum dedit, quod eam

28. tuis *PG* : tui *E om. H* || totum *PHG* : te tum *E* || suri *P* : syri *G* securi *HE* || qui *PHG* : quae *E* || europam asiamque *PH* : asiam europamque *G* asia europaque *E* || persoluerent *HGE* : -rint *P*.

29. brogitaro *PHE* : brug- *G* || iudicio ω : -co *P*[1] || per nos *om. GE* || pecunia... te Ω : *del. Schuetz* || brogitarus (a b- *E*) Ω : *del. Jeep* || appellatus... Alterum *Baiter* : appellatus alterum Ω appellatus alter. Eum *Jeep* || syngrapham *PH* : sin- *GE* || tum *PHG* : tu *E* || illa *PH* : ille *GE* || nummum *om. H.*

donné la moindre pièce, qu'il a retenu de ta loi la seule partie qui s'accordait avec la décision du Sénat, le titre de roi, qu'il a récupéré la ville de Pessinonte, honteusement dévastée par toi et privée de son prêtre et de ses rites, pour y maintenir ses traditions religieuses, qu'il ne laisse pas Brogitaros profaner des cérémonies reçues de la plus haute antiquité et qu'il aime mieux voir son gendre privé de ton cadeau que ce sanctuaire d'un culte aussi ancien. Mais, pour revenir à ces réponses des haruspices dont la première concerne les jeux, qui pourrait ne pas reconnaître que le présage et la réponse s'appliquent entièrement aux jeux de cet individu ?

Profanation de lieux sacrés.

XIV, **30.** Ensuite, il est question de lieux sacrés et cultuels. O l'impudence extrême ! tu oses parler de ma maison ? Soumets soit aux consuls soit au Sénat soit au collège des pontifes le cas de la tienne. La mienne assurément, comme je l'ai dit plus haut [1], a été affranchie par tous les jugements de ces trois instances. Mais dans la demeure que tu occupes, toi, après avoir fait périr ouvertement Q. Seius [2], chevalier romain, homme d'un rare mérite, je dis qu'il a existé une chapelle ; grâce aux registres censoriaux et au souvenir de nombreux témoins, je l'établirai et le montrerai. Qu'on traite seulement de cette question comme le sénatus-consulte qui a été pris récemment oblige à vous la soumettre, j'ai des indications que je voudrais donner sur les lieux cultuels. **31.** Quand j'aurai parlé de ta maison, où, malgré tout, si l'obstruction [3] d'une chapelle a été effectuée par un autre, la

1. § 14 — où est posée la même alternative que ci-dessus.
2. Postumus, que Clodius aurait empoisonné pour acquérir à bon compte sa maison, voisine de la sienne : cf. *Dom.*, 115 ; 129.
3. Ce sens, attesté § 32, convient mieux au contexte que celui de « construction », communément adopté. Le participe, mis en vedette, remplace un nom abstrait et commande toute la phrase.

partem legis tuae quae congruebat cum iudicio senatus, ut ipse rex esset, non repudiauit, quod Pessinuntem, per scelus a te uiolatum et sacerdote sacrisque spoliatum, recuperauit, ut in pristina religione seruaret, quod caerimonias, ab omni uetustate acceptas, a Brogitaro pollui non sinit, mauoltque generum suum munere tuo quam illud fanum antiquitate religionis carere. Sed, ut ad haec haruspicum responsa redeam, ex quibus est primum de ludis, quis est qui id non totum in istius ludos praedictum et responsum esse fateatur ?

XIV, **30.** Sequitur de locis sacris religiosis. O impudentiam miram ! de mea domo dicere audes ? Committe uel consulibus uel senatui uel collegio pontificum tuam. Ac mea quidem his tribus omnibus iudiciis, ut dixi antea, liberata est. At in *e*is aedibus quas tu, Q. Seio equite Romano, uiro optimo, per te apertissime interfecto, tenes, sacellum dico fuisse [aras] ; tabulis hoc censori*is*, memoria multorum firmabo ac docebo. Agatur modo haec res, quod ex eo senatus consulto quod nuper est factum referri ad uos necesse est, habeo quae de locis religiosis uelim dicere. **31.** Cum de domo tua di*x*ero, in qua tamen ita est inaedificatum sacellum

29. legis tuae *PH* : re- t- *G* re- tui *E* || pristina religione *PHG* : -as -es *E* || suum *om.* P^1 || quam *PGE* : quod *H* || praedictum Ω : praedicatum *Courtney*.

30. religiosis o *PH* : -sissimo *GE* || tuam *PH* : tum *GE* || iudiciis ω : -cis P^1 || liberata est at *H* : liberast≡ at *P* libertast at *G* libertat *E* || eis *edd.* : is *PGE* his *H* || per te *PH* : aperte *GE* || tenes *PH* : tenesse *G* te nosse *E* || aras (st *supra add.* P^2) Ω : *del. Zielinski* || tabulis *PGE* : -las *H* || hoc P^2HG : ho P^1 huius *E* || censoriis *Baiter* : -ris P^1GE -res P^2H || memoria P^2HE^2 : -am P^1E^1 || nuper est *H* : nuperst P^2 nupers P^1 n- sit *GE* || uos *recc.* : nos ω.

démolition relève seulement de toi, je verrai alors s'il m'est nécessaire de dire aussi un mot des autres. Certains pensent, en effet, qu'il m'appartient de dégager le dépôt de Tellus [1] ; on dit qu'il était naguère accessible, et je m'en souviens ; maintenant, dit-on, la partie la plus sacrée et le siège de la plus grande dévotion sont inclus dans un vestibule privé. Maintes raisons me poussent : d'abord, le temple de Tellus [2] relève de ma curatelle ; ensuite, celui qui a supprimé ce dépôt disait, une fois ma maison affranchie par le jugement des pontifes [3], que le jugement avait été rendu dans l'intérêt de son frère ; ce qui me pousse aussi, devant la cherté des vivres, la stérilité des campagnes et la disette des récoltes [4], ce sont les devoirs religieux envers Tellus, d'autant plus que ce même prodige annonce, dit-on, que réparation est exigée pour Tellus [5]. **32.** Nous parlons peut-être de faits anciens ; cependant, si le droit civil ne le stipule guère, la loi de la nature, droit commun des peuples [6], veut que les mortels ne puissent bénéficier d'aucune prescription à l'égard des dieux immortels. XV. Mais négligeons les faits anciens ; négligerons-nous aussi ceux qui se produisent précisément sous nos yeux ? Qui ne sait que L. Pison a détruit ces temps derniers une chapelle de Diane, très grande et très sacrée, sur le Célicule [7] ? il y a ici des gens du voisinage ; nombreux sont aussi dans notre ordre sénatorial ceux qui ont pris l'habitude de célébrer tous les ans des sacrifices

1. Sur tout ce passage, qui met en cause le frère de Clodius, App. Claudius, préteur en 57, cf. Intr., p. 19-20.
2. Fondé en 268 dans le quartier des Carènes : cf. *Dom.*, 101.
3. Cf. § 12. Intr., p. 18.
4. Pour résoudre cette crise économique, Pompée avait reçu des pouvoirs étendus en septembre 57, sur la proposition de Cicéron, malgré l'opposition de Clodius : cf. t. XIII, 1, p. 21.
5. Déesse de la fécondité. Cf. § 20.
6. Ces deux droits opposés sont définis *Dig.*, I, 1, 4-9.
7. Seul témoignage. Pison (cf. § 2) réprima le culte d'Isis, d'après Varron, *ap.* Tertullien, *Apol.*, VI, 8 ; *Ad Nat.*, I, 10, 17-8.

ut alius fecerit, tibi tantummodo sit demoliendum, tum uidebo num mihi necesse sit de aliis etiam aliquid dicere. Putant enim ad me nonnulli pertinere *mag*mentarium Telluris aperire; nuper id patuisse dicunt, et ego recordor; nunc sanctissimam partem ac sedem maximae religionis priuato dicunt uestibulo contineri. Multa me mouent, quod aedes Telluris est curationis meae, quod is qui illud *mag*mentarium sustulit, mea[m]dom*o* pontificum iudicio liberata, secundum fratrem suum iudicatum esse dicebat; mouet me etiam in hac caritate annonae, sterilitate agrorum, inopia frugum, religio Telluris, et eo magis quod eodem ostento Telluri postilio deberi dicitur. **32.** Vetera fortasse loquimur; quamquam hoc si minus ciuili iure perscriptum est, lege tamen naturae communi iure gentium sanctum est ut nihil mortales a dis immortalibus usu capere possint. XV. Verumtamen antiqua negleg*a*mus; etiamne ea neglegemus quae fiunt cum maxime, quae uidemus? L. Pisonem quis nescit his temporibus ipsis maximum et sanctissimum Dianae sacellum in Caeliculo sustulisse? adsunt uicini eius loci; multi sunt etiam in hoc

31. sit ω : si *P*[1] || num *PHE* : bonum *G* || ad me nonnulli *PGE* : n- ad me *H* || nonnulli *P*[2]*H* : nulli *P*[1] -la *GE* || magmentarium *Mommsen* : acmen- Ω augmentarium *Latte* || dicunt *om. E* || priuato *PHG* : -ta *E* || mouent *PH* : -ebant *GE* || est *PH* : sese *G* ese *E* || magmentarium *Mommsen* : acmen- *PHG* actamen- *E* || mea domo *Mommsen* : meam domum Ω || pontificum iudicio *H* : p- *P* p- cum *E* ponticum cum *G* || liberata *PGE* : -tam *H* || dicebat *PHG* : -ant *E* || etiam *PHG* : e- et *E* || postilio *P*[1] : -llo *P*[2]*GE* -tulatio *H*.
32. sanctum *PGE* : sanccitum *H* || est *om. E* || ut *om. P*[1] || a *om. E* || neglegamus *Mueller* : -legemus *PHG* -ligemus *E* -legimus *recc.* || neglegemus ω : -legamus *P*[1] || cum *om. H* || maxime *PH* : -ma *GE*.

de famille[1] dans cette chapelle même, au lieu prescrit. Et nous cherchons quels lieux revendiquent les dieux immortels, ce qu'ils indiquent, de qui ils parlent ? Que Sex. Serranus ait sapé, obstrué, écrasé, violé enfin de la pire souillure des chapelles très sacrées, l'ignorons-nous[2] ? **33.** Toi, tu as pu frapper ma maison d'une consécration religieuse ? Dans quel esprit ? celui que tu avais perdu. De quelle main ? celle dont tu l'avais démolie. Par quelle voix ? celle par laquelle tu avais donné l'ordre de l'incendier. Par quelle loi ? celle que tu n'avais même pas osé rédiger à l'époque de ton impunité. Par quel lit sacré ? celui que tu avais souillé. Par quelle statue ? celle que tu avais enlevée sur le tombeau d'une courtisane pour la placer sur le monument d'un général victorieux[3]. En quoi ma maison est-elle exposée à un interdit religieux, si ce n'est parce qu'elle touche le mur d'un être impur et sacrilège ? En conséquence, afin qu'aucun des miens ne puisse par mégarde examiner l'intérieur de ta maison et te voir en train de célébrer tes fameux rites, j'exhausserai mon toit, non pour plonger mes regards sur toi, mais pour t'empêcher de lever les tiens vers la ville que tu as voulu détruire.

Meurtre d'ambassadeurs.

XVI, **34.** Mais voyons maintenant les autres réponses des haruspices. « Que des porte-parole ont été assassinés au mépris des lois humaines et divines. » De quoi s'agit-il ? On parle, je le vois, des Alexandrins[4], et je n'en disconviens pas : car j'estime que les droits des ambassadeurs, déjà protégés par la garantie des hommes[5], sont

1. Sur les *sacra gentilicia*, cf. Festus, p. 284 L.
2. Seul témoignage. Cf. Intr., p. 20.
3. Le portique de Q. Lutatius Catulus, élevé en 101 après sa victoire sur les Cimbres. Cf. § 8 sqq. ; *Dom.*, 111-4. T. XIII, 1, p. 15.
4. Cf. Intr., p. 10.
5. Cf. *Dig.*, L, 7, 17 *sancti habentur legati.*

ordine qui sacrificia gentilicia illo ipso in sacello stato loco anniuersari*a* factitarint. Et quaerimus di immortales quae loca desiderent, quid significent, de quo loquantur ? A Sex. Serrano sanctissima sacella suffossa, inaedificata, oppressa, summa denique turpitudine foedata esse nescimus ? **33.** Tu meam domum religiosam facere potuisti ? Qua mente ? quam amiseras. Qua manu ? qua disturbaras. Qua uoce ? qua incendi iusseras. Qua lege ? quam ne in illa quidem impunitate tua scripseras. Quo puluinari ? quod stupraras. Quo simulacro ? quod ereptum ex meretricis sepulchro in imperatoris monumento conlocaras. Quid habet mea domus religiosi, nisi quod impuri et sacrilegi parietem tangit ? Itaque, ne quis meorum imprudens introspicere tuam domum possit ac te sacra illa tua facientem uidere, tollam altius tectum, non ut ego te despiciam, sed tu ne adspicias urbem eam quam delere uoluisti.

XVI, **34.** Sed iam haruspicum reliqua responsa uideamus. « Oratores contra ius fasque interfectos. » Quid est hoc ? De Alexandrinis esse uideo sermonem ; quem ego non refuto : sic enim sentio, ius legatorum, cum hominum praesidio munitum sit, tum etiam

32. stato *P*[1]*G* : statuto *P*[2]*HE* || anniuersaria *Naugerius* : -ri(i) Ω || quaerimus *P* : quae pr- *GE* quid primum *H* || immortales *PHE* : mortalis *G* || desiderent *PE* : -rant *H* dissid- *G* || summa ω : -am *P*[1] || foedata esse *PGE* : e- fe- *H*.

33. qua *P*[1] : et qua ω || amiseras ω : m- *P*[1] || qua manu *P*[2]*GE* : quam m- *P*[1] qua manus *H* || incendi *PHE* : -dii *G* || in *om.* *P*[1]*E* || scripseras *PHG* : -pturas *E* || simulacro *PGE* : -chro *H* || meretricis ω : -ces *P*[1] || in *recc.* : *om.* ω || tuam domum possit *PGE* : p- t- d- *H* || tua ω : tu *P*[1] || altius *PHG* : alius *E*.

34. sermonem *om.* *E* || tum ω : tu *E*[1].

encore plus défendus par le droit divin. Mais je demande à celui qui, en qualité de tribun, a fait sortir de prison tous les dénonciateurs pour les répandre sur le forum [1], qui dispose maintenant à son gré de tous les poignards et de tous les poisons [2], qui a rédigé des contrats avec Hermarchos de Chio, s'il sait que l'adversaire le plus acharné d'Hermarchos, Théodosios, envoyé au Sénat comme ambassadeur par une cité libre [3], a été transpercé d'un poignard, attentat qui n'a pas paru moins abominable aux dieux immortels que celui des Alexandrins, j'en suis bien sûr. **35.** Mais je ne veux pas accumuler maintenant sur toi seul tous les crimes ; il y aurait un plus grand espoir de salut si nul autre que toi n'était impur ; les coupables sont nombreux ; cela même accroît ta confiance en toi et nous amène presque à désespérer. Qui ne sait que Plator d'Orestide, région libre de la Macédoine [4], un personnage illustre et noble en ces lieux [5], est venu comme ambassadeur à Thessalonique auprès de l'homme qui s'est donné à lui-même le titre de général victorieux [6] ? celui-ci, à cause de l'argent qu'il ne pouvait lui extorquer, le jeta en prison et il y dépêcha son médecin pour couper les veines, avec la plus atroce cruauté, à un ambassadeur, un allié, un ami, un homme libre. Il n'a pas voulu ensanglanter ses haches par un crime ; du moins a-t-il souillé le nom du peuple romain par un crime si grand que seul son propre supplice pourrait l'expier. Quels bourreaux peut-il bien avoir, lui qui se sert même de ses médecins pour donner, non le salut, mais la mort ?

1. Dans le *Pro Sest.*, 85, c'est le tribun Sex. Atilius Serranus (cf. § 32) qui est accusé d'avoir libéré en 57 des gladiateurs du préteur App. Claudius, emprisonnés par Milon.
2. Allusion à Q. Seius et à Pompée : cf. § 30 ; 49 ; *Dom.*, 129.
3. Personnages et faits inconnus. Sur les *syngraphae*, cf. § 29.
4. Au N.-O. : cf. Strabon, VII, p. 326 ; Pline, *H. N.*, IV, 35.
5. Sur ces faits, cf. *In Pis.*, 83-4.
6. Le gouverneur Pison : cf. *De Pr. C.*, 15 ; *In Pis.*, 38-9 ; 54-5.

diuino iure esse uallatum. Sed quaero ab illo, qui omnis indices tribunus e carcere in forum ecfudit, cuius arbitrio sicae nunc omnes atque omnia uenena tractantur, qui cum Hermarcho Chio *sy*ngraphas fecit, ecquid sciat unum acerrimum aduersarium Hermarchi, Theodosium, legatum ad senatum a ciuitate libera missum, sica percussum, quod non minus quam de Alexandrinis indignum dis immortalibus esse uisum certo scio. **35.** Nec confero nunc in te unum omnia ; spes maior esset salutis, si praeter te nemo esset impurus ; plures sunt ; hoc et tu tibi confidis magis et nos prope iure diffidimus. Quis Platorem ex Orestide, quae pars Macedoniae libera est, hominem in illis locis clarum ac nobilem, legatum Thessalonicam ad nostrum, ut se ipse appellauit, imperatorem uenisse nescit ? quem ille, propter pecuniam quam ab eo extorquere non poterat, in uincla coniecit, et medicum intromisit suum, qui legato, socio, amico, libero foedissime et crudelissime uenas incideret. Secures suas cruentari scelere noluit ; nomen quidem populi Romani tanto scelere contaminauit ut id nulla re possit nisi ipsius supplicio expiari. Quales hunc carnifices putamus habere, qui etiam medicis suis non ad salutem, sed ad necem utatur ?

34. uallatum *recc.* : uela- ω || illo *PH* : illis *GE* || indices *PH* iud-*GE* || tribunus *PGE* : -nos *H* || nunc omnes *PGE* : o- n- *H* || hermarcho *PH* : -artho *GE* || chio *PHG* : chyo *E* || syngraphas *edd.* : sin- *PHE* -rafas *G* || ecquid *P* : -is *H* haec quid *GE* || hermarchi *PH* : -achi *G* -arthi *E* || theodosium *HGE* : te- *P* || sica *PHE* : sic *G* || dis *PGE* : diis *H*[2] dii *H*[1].

35. nec confero *PH* : non c- *G* nece fero *E* || tibi *PGE* : mihi *H* || platorem *PH* : -onem *GE* || quae *PHG* : quo *E* || ut ω : et *P*[1] || imperatorem *PHG* : impunitum *E* || uincla *PHG* : nuda *E* || uenas *PHG* : uenias *E* || secures *PGE* : -rus *H* || populi *om.* *GE*.

Violation de serments.

XVII, 36. Mais lisons ce qui suit : « Que la foi et le serment ont été violés. » Le sens de cette réponse, prise en elle-même n'est pas facile à découvrir ; mais, d'après ce qui suit, je soupçonne qu'il est question du parjure manifeste de tes juges, auxquels on aurait enlevé autrefois leur argent s'ils n'avaient demandé une garde au Sénat [1]. Si je soupçonne qu'il est question d'eux, c'est parce que j'estime que dans notre cité ce parjure est le plus notoire et le plus insigne sans que cependant tu sois accusé toi-même par ceux avec lesquels tu t'es lié par serment.

Profanation de cérémonies sacrées.

37. Et je vois que la réponse des haruspices porte ensuite : « Que des cérémonies antiques et secrètes ont été célébrées avec trop peu de soin et profanées. » Sont-ce les haruspices qui parlent ainsi ou les dieux ancestraux et les dieux pénates ? Car il y a beaucoup d'hommes, j'imagine, sur qui puisse tomber le soupçon de cette impiété ! qui d'autre que lui seul ? Dit-on obscurément quelles cérémonies ont été profanées ? peut-on parler plus clairement, plus scrupuleusement, plus sérieusement ? « Antiques et secrètes » ; nuls mots, je l'affirme, n'ont été utilisés plus souvent par Lentulus [2], un orateur de poids et de talent, quand il t'accusait, que ces propres termes, qui maintenant, sont extraits des livres étrusques pour être tournés et interprétés contre toi. En effet, quelle cérémonie est aussi « antique » que celle-ci, qui, contemporaine de notre ville [3], nous a été léguée par les rois ? laquelle est aussi

1. Les juges qui acquittèrent Clodius en 61 par 31 voix contre 25 auraient été achetés par Crassus : cf. *Ad Att.*, I, 16, 5 ; 10.

2. L. Cornelius Lentulus Crus, qui avait poursuivi Clodius *de incesto* en 62. Sur son talent oratoire, cf. *Brut.*, 268.

3. Le culte de Bona Dea était, en tous cas, très ancien.

XVII, **36.** Sed recitemus quid sequatur. « Fidem iusque iurandum neglectum. » Hoc quid sit, per se ipsum non facile interpretor ; sed ex eo quod sequitur suspicor de tuorum iudicum manifesto periurio dici, quibus olim erepti essent nummi, nisi a senatu praesidium postulassent. Quare autem de eis dici suspicer, haec causa est quod sic statuo, et illud in hac ciuitate esse maxime inlustre atque insigne periurium et te ipsum tamen in [periurium] *crimen* ab *e*is quibuscum coniurasti non uocari.

37. Et uideo in haruspicum responsum haec esse subiuncta : « Sacrificia uetusta occultaque minus diligenter facta pollutaque. » Haruspices haec loquuntur an patrii penatesque di ? Multi enim sunt, credo, in quos huius malefici suspicio cadat ! quis praeter hunc unum ? Obscure dicitur quae sacra polluta sint ? quid planius, quid religiosius, quid grauius dici potest ? « Vetusta occultaque » ; nego ulla uerba Lentulum, grauem oratorem ac disertum, saepius, cum te accusaret, usurpasse quam haec, quae nunc ex Etruscis libris in te conuersa atque interpretata dicuntur. Etenim quod sacrificium tam uetustum est quam hoc quod a regibus aequale huius urbis accepimus ? quod autem tam

36. sit *om. E* || sequitur *PHG* : q̅r̅ *E* || nummi nisi *PH* : n- nis *G* num minus hi *E* || autem *PH* : h. *G* haec *E* || eis *edd.* : iis *P*[2]*GE* is *P*[1] his *H* || statuo *PGE* : -uto *H* || esse *PHG* : esset *E* || crimen *A. Klotz* : periurium et te ipsum inprime *PGE* periurium imprime *H* periurii crimen *Madvig* || eis *edd.* : his *Ω*.

37. subiuncta *PHG* : -iecta *E* || diligenter *om. E* || loquuntur *P*[2]*H* : locun- *GE* loquan- *P*[1] || sunt *H* : *om. PGE* || sint *PH* : sunt *GE* || religiosius quid grauius *PGE* : g- q- r- *H* || uetusta *PHG* : uenu- *E* || nego *H* : ego *PGE* || ulla *PHG* : nu- *E* || disertum *ω* : des- *P*[1] || etruscis *PGE* : ethr- *H* || accepimus *H* : accip- *PGE* || autem

« secrète » que celle qui exclut les regards non seulement curieux mais même distraits, dont l'accès est fermé non seulement à l'impudence mais encore à l'imprudence ? cérémonie, en vérité, que nul avant P. Clodius n'a en aucun temps violée, que nul n'a jamais abordée , que nul n'a traitée à la légère, qu'aucun homme n'a eu l'audace de regarder, qui est célébrée par les vierges de Vesta, qui est célébrée pour le peuple romain, qui est célébrée dans la maison d'un magistrat revêtu du pouvoir suprême [1], qui est célébrée avec une incroyable vénération, qui est célébrée en l'honneur d'une déesse dont les hommes n'ont même pas le droit de connaître le nom, celle que cet individu appelle Bonne parce qu'elle lui aurait pardonné un tel crime. XVIII. Elle n'a pas pardonné, crois-moi, oh ! non. A moins que tu ne te croies pardonné parce que les juges t'ont relâché, dépouillé et mis à sec, absous par leur jugement, mais condamné par celui de tous, ou parce que, selon la croyance inhérente à ce culte, tu n'as pas perdu la vue. **38.** Or, quel homme avait vu délibérément avant toi ces cérémonies sacrées, en sorte qu'on pût connaître le châtiment attaché à ce crime ? D'ailleurs, la privation de la lumière te nuirait-elle plus que l'aveuglement de la passion ? ne sens-tu pas toi-même que les yeux fermés de ton illustre ancêtre [2] eussent été plus désirables pour toi que les regards ardents de ta sœur [3] ? D'ailleurs, si tu y réfléchis attentivement, tu comprendras que, si le châtiment des hommes fait encore défaut, il n'en est pas de même pour celui des dieux. Les hommes t'ont défendu dans la cause la plus ignominieuse, les hommes t'ont loué, plein de honte et de culpabilité ; les hommes t'ont acquitté quand tu avouais presque, les

1. Un consul ou un préteur. Cf. § 4 ; 8.

2. App. Claudius Caecus, censeur en 312, consul en 307 et 296, devenu aveugle ; cf. *Dom.*, 105 ; *Pro Cael.*, 33 ; *Cat. M.*, 16...

3. Cf. § 9 ; *Pro Cael.*, 49.

occultum quam id quod non solum curiosos oculos excludit sed etiam errantis, quo non modo improbitas sed ne imprudentia quidem possit intrare ? quod quidem sacrificium nemo ante P. Clodium omni memoria uiolauit, nemo umquam adiit, nemo neglexit, nemo uir adspicere non horruit, quod fit per uirgines Vestales, fit pro populo Romano, fit in ea domo quae est in imperio, fit incredibili caerimonia, fit ei deae cuius ne nomen quidem uiros scire fas est, quam iste idcirco Bonam dicit quod in tanto sibi scelere ignouerit. XVIII. Non ignouit, mihi crede, non. Nisi forte tibi esse ignotum putas, quod te iudices emiserunt, excussum et exhaustum, suo iudicio absolutum, omnium condemnatum, aut quod oculos, ut opinio illius religionis est, non perdidisti. **38.** Quis enim ante te sacra illa uir sciens uiderat, ut quisquam poenam quae sequeretur id scelus scire posset ? An tibi luminis obesset caecitas plus quam libidinis ? ne id quidem sentis, coniuentis illos oculos abaui tui magis optandos fuisse quam hos flagrantis sororis ? Tibi uero, si diligenter attendes, intelleges hominum poenas deesse adhuc, non deorum. Homines te in re foedissima defenderunt, homines turpissimum nocentissimumque laudarunt, homines prope

PH : h- *G* enim *E* || quidem *PHG* : idem possit intrare quod *E* || nemo *om.* P^1 || ante *PGE* : m̄. *H* || adiit ω : adit P^1 || aspicere *PHE* : -rent *G* || non *om. E* || quod *HGE* : quid *P* || ne *PHG* : nec *E* || dicit *PH* : d- esse *GE* || forte *om. GE* || esse *om. H* || quod ω : quo P^1 || te ω : tu G^1 || iudices *PH* : uides *GE* || emiserunt *PGE* : omiserit *H* || exhaustum *HE* : exa- *PG* || ut... est *om. H* || perdidisti ω : prodid- P^1.

38. te *om. P* || ne *PHG* : nec *E* || coniuentis *H* : contuentes *PGE* || fuisse *PHG* : esse *E* || hos *PGE* : os *H* || tibi *PH* : ti *G* tu *E* || nocentissimum *PHE* : not- *G* || prope *om. GE*.

hommes n'ont pas ressenti l'affront que leur avait porté à eux-mêmes ton déshonneur [1], les hommes t'ont donné des armes les uns contre moi, d'autres ensuite contre un citoyen invincible [2] ; aux hommes, j'en conviens volontiers, tu ne saurais demander dorénavant de plus grands bienfaits. **39.** Mais les dieux immortels peuvent-ils infliger à un homme un châtiment plus grand que la frénésie et la démence [3] ? A moins que ceux que tu vois dans les tragédies torturés et consumés par les plaies et les douleurs corporelles ne te semblent subir la colère des dieux immortels avec plus de rigueur que ceux qui sont représentés en proie à la frénésie. Ces cris et ces gémissements de Philoctète, quelque déchirants qu'ils soient [4], sont moins lamentables que ces transports d'Athamas [5] et ces affres des matricides [6]. Toi, quand tu pousses dans les assemblées du peuple des cris de fureur, quand tu renverses les maisons des citoyens, quand tu chasses du forum à coups de pierres les meilleurs des hommes, quand tu lances des torches ardentes sur les toits des voisins, quand tu incendies les édifices sacrés, quand tu soulèves les esclaves, quand tu perturbes les cérémonies et les jeux, quand tu ne fais aucune distinction entre ta femme et ta sœur, quand tu ne sais pas dans quel lit tu entres, alors tu es en proie au délire et à la frénésie, alors tu subis le seul châtiment que les dieux immortels aient fixé au crime des hommes. Car la fragilité de notre corps l'expose soudain par elle-même à de nombreux accidents et le corps même est souvent anéanti par la plus faible cause ; les traits des dieux s'enfoncent dans l'âme des

1. Allusion à César : cf. p. 34, n. 5.
2. Pompée : cf. § 46 ; 49.
3. Même idée *Dom.*, 3 ; 105 ; *In Pis.*, 46 ; 50.
4. Notamment dans une tragédie d'Accius : cf. *Tusc.*, II, 19 ; 33.
5. Devenu fou après avoir tué ses enfants, traité au théâtre par Ennius et Accius : cf. *In Pis.*, 47 ; *Tusc.*, III, 11.
6. Alcméon et Oreste, héros d'Ennius, de Pacuvius et d'Accius.

confitentem iudicio liberauerunt, hominibus iniuria tui stupri inlata in ipsos dolori non fuit, homines tibi arma alii in me, alii post in illum inuictum ciuem dederunt ; hominum beneficia prorsus concedo tibi ⟨i⟩a⟨m⟩ maiora non esse quaerenda. **39.** A dis quidem immortalibus quae potest homini maior esse poena furore atque dementia ? Nisi forte in tragoediis, quos uolnere ac dolore corporis cruciari et consumi uides, grauiores deorum immortalium iras subire quam illos qui furentes inducuntur putas. Non sunt illi eiulatus et gemitus Philoctetae tam miseri, quamquam sunt acerbi, quam illa exsultatio Athamantis et quam senium matricidarum. Tu, cum furiales in contionibus uoces mittis, cum domos ciuium euertis, cum lapidibus optimos uiros foro pellis, cum ardentis faces in uicinorum tecta iactas, cum aedis sacras inflammas, cum seruos concitas, cum sacra ludosque conturbas, cum uxorem sororemque non discernis, cum quod ineas cubile non sentis, tum baccharis, tum furis, tum das eas poenas quae solae sunt hominum sceleri a dis immortalibus constitutae. Nam corporis quidem nostri infirmitas multos subit casus per se, denique ipsum corpus tenuissima de causa saepe conficitur ; deorum tela in impiorum mentibus figuntur.

38. tui *HGE* : tui≡*P* || iam maiora *Halm* : a m- P^1 at m- P^2*HG* ac m- *E* maiora A. Klotz (?)

39. trag(o)ediis *HGE* : -dis *P* || qui ω : quo P^1 || furentes P^1*E* : -tis P^2*HG* || eiulatus *om.* *GE* || philoctetae *H* : fi- *PGE* || sunt *PH* : sint *GE* || matricidarum *PHG* : matris cum *E* || ineas *PHE* : in ea *G* || tum baccharis *PGE* : cum b- *H* || furis *H* : fueris *P* fureris *GE* || de causa saepe *PGE* : sepe de c- *H* || figuntur ω : fing- P^1.

impies. C'est pourquoi tu es plus malheureux quand tes yeux t'entraînent dans tous les forfaits que si tu n'avais plus d'yeux du tout.

B) *LES AVERTISSEMENTS*

Les discordes entre bons citoyens.

XIX, **40**. Mais, ayant assez parlé de tous les crimes dénoncés par les haruspices, voyons maintenant quels avertissements ces mêmes haruspices déclarent donnés par les dieux immortels. Ceux-ci recommandent d'éviter « que la discorde et la dissension des meilleurs citoyens n'attirent sur les sénateurs et les dirigeants des meurtres et des périls et ne les privent de secours de la part des dieux, ce qui ferait passer l'État au pouvoir d'un seul, amènerait la déroute de l'armée et la diminution des forces [1] ». Tels sont les propres termes des haruspices ; je n'ajoute rien de moi. Qui donc machine cette discorde entre les meilleurs ? toujours lui, non par la force de son génie ou de son esprit, mais en quelque sorte par notre erreur, qu'il a lui-même, parce qu'elle n'était pas obscure, facilement perçue. Car la république est même frappée d'autant plus honteusement que son persécuteur ne lui donne même pas l'impression de tomber honorablement, comme un brave soldat dans la bataille sous les coups, reçus face à face, d'un brave adversaire.

41. Ti. Gracchus ébranla la stabilité de la cité [2] ; quelle fermeté chez cet homme, quelle éloquence, quelle dignité ! au point qu'il n'eût démenti en rien les vertus éminentes et exceptionnelles de son père [3] et de son grand-père

1. Le texte est douteux et le sens incertain. Cf. Intr., p. 15-6.
2. En 133, pendant son tribunat. S'il désapprouvait sa politique démocratique, Cicéron appréciait l'homme et l'orateur ; cf. § 43.
3. Ti. Sempronius Gracchus, vainqueur en Espagne.

Quare miserior es cum in omnem fraudem raperis oculis quam si omnino oculos non haberes.

XIX, **40**. Sed, quoniam de his omnibus quae haruspices commissa esse dicunt satis est dictum, uideamus quid idem haruspices iam a dis immortalibus dicant moneri. Monent « ne per optimatium discordiam dissensionemque patribus principibusque caedes periculaque creentur auxilioque diuinitus deficiantur, qua re ad un*ius* imperium *res* redea[n]t exercitusque pulsus diminutioque accedat. » Haruspicum uerba sunt haec omnia, nihil addo de meo. Quis igitur hanc optimatium discordiam molitur ? idem iste, nec ulla ui ingeni aut consili sui, sed quodam errore nostro ; quem quidem ille, quod obscurus non erat, facile perspexit. Hoc enim etiam turpius adflictatur res publica, quod ne ab eo quidem uexatur ut, tamquam fortis in pugna uir, acceptis a forti aduersario uolneribus aduersis, honest*e* cadere uideatur.

41. Ti. Gracchus conuellit statum ciuitatis ; qua grauitate uir, qua eloquentia, qua dignitate ! nihil ut a patris auique Africani praestabili insignique uirtute, praeterquam quod a senatu desciuerat, deflexisset.

39. miserior es *PHG* : misericors *E* || haberes *H* : habueris *PGE*.

40. commissa *recc.* : com=missa *P* omi- *H* ominosa *GE* || iam P^2, *Halm* : *om.* ω || optimatium *HGE* : -atiu=*P* || caedes ω : -dis P^1 || diuinitus *recc.* : diminuitis P^1 diminutis P^2GE diminuti *H* || unius *Lambinus* : unum Ω || res redeat *Lambinus* (cf. § 54) : pecuniae redeant Ω || pulsus P^2H : ap- *GE*, *om.* P^1 || hanc *HGE* : *om.* *P* || ui *om.* P^1 || erat *HGE* : erant *P* || perspexit ω : -xi P^1 || tamquam *HG* : tam ut t- *P* eam q- *E* || in pugna *PHG* : impugnat *E* || honeste *Gryphius* : homines P^1H et honestis P^2GE || cadere *PGE* : ced- *H* || uideatur *PHE* : -etur *G*.

41. tib(erius) gracchus *HGE* : tib=grachus *P* || conuellit *PHG* : cum uellet *E* || patris *PH* : -ibus *GE* || quod *om.* P^1 || desciuerat *H* : dis- *PGE*.

l'Africain [1], s'il n'avait déserté le parti du Sénat. Il fut suivi de C. Gracchus [2] : quel génie, quelle vigueur, quelle fermeté dans l'expression [3] ! en sorte que les gens de bien regrettaient que de si belles qualités ne fussent pas appliquées à des pensées et des intentions meilleures. L. Saturninus lui-même, dans son emportement et presque sa démence, était un meneur insigne et un maître accompli dans l'art d'exciter et d'enflammer l'esprit des ignorants [4]. Que dire de P. Sulpicius [5] ? tels étaient sa fermeté, son charme, sa brièveté d'expression [6] qu'il pouvait réussir soit à égarer les sages soit à détourner les bons de bien penser par l'effet de sa parole. Lutter contre eux et se battre chaque jour pour le salut de la patrie était assurément pour ceux qui gouvernaient alors la république une pénible charge ; cependant cette charge avait, malgré tout, une certaine dignité. XX, **42**. Mais ce personnage dont je vous parle tant en ce moment, au nom des dieux immortels, qu'est-il ? que vaut-il ? qu'apporte-t-il qui permette à une telle cité, si elle tombe — puissent les dieux étouffer ce présage ! — de paraître cependant abattue par un homme ? Lui qui, après la mort de son père, a livré son tout premier âge à la passion de bouffons opulents et, après avoir assouvi leur incontinence, s'est roulé dans la fange domestique de l'inceste [7] ; puis, parvenu à la force de l'âge, il s'est donné à une province et à la vie militaire et là, ayant subi les outrages des pirates, il a même rassasié

1. Scipion, qui eut pour fille Cornelia, mère des Gracques ; cf. § 24.
2. Tribun en 123 et 122 ; cf. § 43.
3. Même éloge *De Or.*, III, 214 ; 225-6 ; *Brut.*, 125-6.
4. L. Appuleius, aristocrate devenu démagogue, tribun en 103 et 100, exécuté en décembre 100 ; cf. § 43.
5. Rufus, tribun en 88, partisan de Marius, exilé par Sylla et mis à mort ; cf. § 43.
6. Il avait tempéré l'exubérance de sa jeunesse : cf. *De Or.*, II, 88-9 ; 96 ; III, 31 ; *Brut.*, 203.
7. Cf. § 9 ; *Dom.*, 139 ; *Pro Sest.*, 39.

Secutus est C. Gracchus, quo ingenio, [qua eloquentia] quanta ui, quanta grauitate dicendi ! ut dolerent boni non illa tanta ornamenta ad meliorem mentem uoluntatemque esse conuersa. Ipse L. Saturninus ita fuit ecfrenatus et paene demens ut a[u]ctor esset egregius et ad animos imperitorum excitandos inflammandosque perfectus. Nam quid ego de P. Sulpicio loquar ? cuius tanta in dicendo grauitas, tanta iucunditas, tanta breuitas fuit ut posset uel ut prudentes errarent uel ut boni minus bene sentirent perficere dicendo. Cum his conflictari et pro salute patriae cotidie dimicare erat omnino illis qui tum rem publicam gubernabant molestum ; sed habebat ea molestia quandam tamen dignitatem. XX, **42**. Hic uero, de quo ego ipse tam multa nunc dico, pro di immortales ! quid est ? quid ualet ? quid adfert, ut tanta ciuitas si cadet — quod di omen obruant ! — a uiro tamen confecta uideatur ? Qui post patris mortem primam illam aetatulam suam ad scurrarum locupletium libidines detulit ; quorum intemperantia expleta, in domesticis est germanitatis stupris uolutatus ; deinde iam robustus prouinciae se ac rei militari dedit atque ibi, piratarum contumelias perpessus,

41. c. *om.* P^1E ‖ ingenio *H* : i- qua eloquentia P^2GE i- que loquentiam P^1 ‖ l. *om.* *P* ‖ paene *HGE* : poene≡*P* ‖ actor esset *Madvig* : auc- e- ω auctores sed P^1 ‖ imperitorum *HGE* : -ratorum *P* ‖ inflammandos P^2HG : man- P^1 qui i- *E* ‖ p. *om.* *P* ‖ prudentes *HGE* : -tis *P* ‖ conflictari *PH* : -re *GE* ‖ publicam P^2H : *om.* P^1GE.
42. tam *PHG* : tum *E* ‖ pro di(i) *PHG* : per deos *E* ‖ quid est ω : quod est P^1 ‖ quid adfert *om.* *E* ‖ quod *in ras.* *P* ‖ omen *PH* : omini *G* omnes *E* ‖ a *om.* *H* ‖ tamen *PGE* : t- tali *H* ‖ patris ω : -res P^1 ‖ libidines *HGE* : -nis *P* ‖ quorum P^2GE : uo- P^1 ho- *H* ‖ expleta in *PH* : -tam *GE* ‖ uolutatus P^2H : uoluntatis P^1GE ‖ se ac rei P^2HE : sacrei P^1 ac rei *G*.

la passion des Ciliciens et des barbares [1] ; ensuite, ayant tenté de soulever l'armée de L. Lucullus par une scélératesse abominable, il a pris la fuite [2] et, à peine arrivé à Rome, il s'est arrangé avec ses proches pour ne pas les accuser et il a reçu de l'argent de Catilina pour prix de la plus honteuse prévarication [3] ; de là, il se rendit avec Muréna dans la province de Gaule [4], où il composa des testaments de défunts [5], fit périr des pupilles, forgea avec de nombreux complices des unions et associations criminelles ; à son retour, il s'appropria entièrement les profits surabondants et plantureux du Champ de Mars [6], si bien que cet ami du peuple frustra le peuple [7] de la façon la plus malhonnête et ce modèle de clémence infligea lui-même dans sa propre maison aux répartiteurs de toutes les tribus [8] la mort la plus cruelle. **43.** Alors commença cette questure [9], funeste à la république, au culte, à la religion, à votre autorité, aux tribunaux publics, pendant laquelle ce même individu a outragé les dieux et les hommes, l'honneur, la pudeur, l'autorité du Sénat, le droit humain et divin, les lois, les tribunaux. Et tel fut pour lui — ô malheur des temps et sottise de nos discordes ! — tel fut pour P. Clodius le premier pas dans la

1. En 67, servant dans la flotte de son beau-frère Q. Marcius Rex, proconsul de Cilicie, Clodius fut capturé par les pirates, puis libéré grâce à Pompée : cf. Strabon, XIV, p. 684 ; Appien, II, 23 ; Dion Cassius, XXXVIII, 30, 25.

2. L'hiver précédent — et non suivant — il souleva les troupes de son beau-frère L. Licinius Lucullus, le vainqueur de Mithridate : cf. Plutarque, *Luc.*, 34 ; Dion Cassius, XXXVI, 14 ; 17.

3. En 65, accusé de concussion par Clodius, Catilina fut acquitté et passa pour l'avoir acheté : cf. *Ad Att.*, I, 1, 1 ; I, 2, 1 ; *In Pis.*, 23 *praeuaricatore*. Q. Cicéron, *Comm. Pet.*, 10.

4. L. Licinius Muréna gouverna la Gaule Narbonnaise en 64-3.

5. Cicéron le traite de *testamentarius* dans le *Pro Sest.*, 39.

6. Sans doute aux élections consulaires de 63 pour 62.

7. Même jeu de mots *Dom.*, 77 ; *Pro Sest.*, 110.

8. Agents électoraux, chargés de répartir les largesses.

9. En 61 ; cf. § 4 ; 8 ; 36.

etiam Cilicum libidines barbarorumque satiauit ; post, exercitu L. Luculli sollicitato per nefandum scelus, fugit illim Romaeque recenti aduentu suo cum propinquis suis decidit ne reos faceret, a Catilina pecuniam accepit ut turpissime praeuaricaretur ; inde cum Murena se in Galliam contulit, in qua prouincia mortuorum testamenta conscripsit, pupillos necauit, nefarias cum multis scelerum pactiones societatesque conflauit ; unde ut rediit, quaestum illum maxime fecundum uberemque campestrem totum ad se ita redegit ut homo popularis fraudaret improbissime populum idemque uir clemens diuisores omnium tribuum domi ipse suae crudelissima morte mactaret. **43.** Exorta est illa rei publicae, sacris, religionibus, auctoritati uestrae, iudiciis publicis funesta quaestura, in qua idem iste deos hominesque, pudorem, pudicitiam, senatus auctoritatem, ius, fas, leges, iudicia uiolauit. Atque hic ei gradus — o misera tempora stultasque nostras discordias ! — P. Clodio gradus ad rem publicam hic primus ⟨fuit⟩ e[s]t aditus ad popularem iactationem atque adscensus.

42. cilicum *PHG* : ciuium *E* || libidines ω : -nis P^1 || post *PHG* : p. *E* || l. P^2HG : uel *E* *om.* P^1 || luculli≡*P* || sollicitato P^2HG : -atio *E* -citus P^1 || illim P^2H : illi P^1 illum *GE* || que *om.* E^1 || reos ω : reo P^1 || a *om.* P^1 || necauit ω : -abit P^1 || pactiones *HGE* : pacci- P^2 paccionis P^1 || rediit ω : redit P^1 || quaestum illum *PGE* : -turam illam *H* || fecundum *edd.* : se- Ω || redegit ω : redigit P^1 || fraudaret *GE* : fru- *PH* || improbissime ω : -mi P^1 || clemens P^2HE : dem- P^1G || suae *H* : sua *PGE* || mactaret *HG* : ≡m- *P* iaceret *E*.

43. rei p. P^2HG : re P^1 p. r. *E* || auctoritati... senatus *om.* *E* || auctoritati *H* : -ate *PG* || uestrae P^2H : -ra (?) P^1 -ra et *G* || ius *PHG* : uir *E* || fas *HGE* : fas≡*P* || leges *H* : legis *PGE* || atque ω : adque P^1 || p. *om.* P^1 || p(ublicam) *om.* P^1 || primus *H* : -mis *P* -mum *GE* || fuit et *Madvig* : est Ω || aditus ω : add- P^2 || iactationem

politique, l'accès à l'agitation du peuple, la montée au pouvoir. A Ti. Gracchus, qui avait participé au traité de Numance comme questeur du consul C. Mancinus, l'impopularité de ce pacte et la sévère désapprobation du Sénat inspirèrent du ressentiment et de la crainte [1], et voilà pourquoi cet homme courageux et illustre fut contraint de rompre avec la dignité sénatoriale [2]. C. Gracchus, c'est la mort de son frère, sa piété familiale, son ressentiment, sa grandeur d'âme qui l'excitèrent au châtiment pour venger le sang de sa famille [3]. Saturninus, auquel le Sénat retira pendant sa questure [4], vu la cherté des vivres, la charge du ravitaillement pour la confier à M. Scaurus [5], en éprouva, nous le savons, un tel ressentiment qu'il passa au parti du peuple. Sulpicius, après avoir soutenu la bonne cause, dans sa résistance à C. Iulius qui briguait illégalement le consulat [6], se laissa entraîner plus loin qu'il ne voulait par le souffle populaire [7]. XXI, **44**. Ils eurent tous, je ne dis pas une juste raison — car il ne peut y avoir pour personne une juste raison de desservir la république — du moins un motif sérieux et lié au ressentiment d'une âme virile. P. Clodius a quitté une robe safran, un turban, des sandales de femme, des bandelettes de pourpre, un soutien-gorge, une harpe, la turpitude, le scandale [8], pour devenir soudain ami du peuple. S'il n'avait pas été surpris par des femmes

1. En 137, le consul C. Hostilius Mancinus, battu en Espagne, dut signer un traité défavorable, qui fut rejeté par le Sénat : cf. *De Rep.*, III, 28 ; *Brut.*, 103 ; *De Off.*, III, 109. Tite-Live, *Ep.*, 55 ; Velleius Paterculus, II, 90, 3 ; Plutarque, *Ti. Gr.*, 5.
2. Cf. § 41. Ou peut-être « ancestrale » : cf. *De Pr. C.*, 18.
3. Cf. § 41 ; *De Or.*, III, 214 ; *Brut.*, 126 ; *De Diu.*, I, 56.
4. A Ostie, en 104 ; cf. § 41 ; *Pro Sest.*, 39.
5. M. Aemilius, consul en 115, *princeps senatus*.
6. En 68, sans avoir été préteur : cf. *Brut.*, 226.
7. Il était passé des *optimates* aux *populares* dès son tribunat en 88 ; cf. § 41 ; *De Or.*, III, 11 ; *Lael.*, 2.
8. Aux mystères de la Bonne Déesse : cf. § 4 ; 8.

Nam Ti. Graccho inuidia Numantini foederis, cui feriendo, quaestor C. [a] Mancini consulis cum esset, interfuerat, et in eo foedere improbando senatus seueritas dolori et timori fuit, istaque res illum fortem et clarum uirum a grauitate patrum desciscere coegit. C. autem Gracchum mors fraterna, pietas, dolor, magnitudo animi ad expetendas domestici sanguinis poenas excitauit. Saturninum, quod in annonae caritate quaestorem a sua frumentaria procuratione senatus amouit eique rei M. Scaurum praefecit, scimus dolore factum esse popularem. Sulpicium, ab optima causa profectum Gaioque *Iul*io consulatum contra leges petenti resistentem, longius quam uoluit popularis aura prouexit. XXI, **44**. Fuit in his omnibus causa, etsi non iusta, — nulla enim potest cuiquam male de re publica merendi iusta esse causa — grauis tamen et cum aliquo animi [et] uirilis dolore coniuncta. P. Clodius a crocota, a mitra, a muliebribus soleis purpureisque fasceolis, a strophio, a psalterio, a flagitio, a stupro est factus

PH : iactio- *G* actio- *E* || numantini *P*² *GE* : -an *P*¹ numini *H* || foederis *PGE* : od- *H* || feriendo *PHG* : -di *E* || Mancini *edd.* : a. (*in ras.*) m- *P* am- *HG* amantini *E* || et in *PHG* : ut in *E* || istaque *H* : it- *P*¹*GE* eaque *P*² (?), *Baiter* (*fort. recte*) || res *om. E* || a *om. P*¹ || c. *om. P*¹ || autem *PH* : h. *GE* || gracchum *in ras. P* || magnitudo *GE* : -dine *PH* || expetendas *in ras. P* || sanguinis *PHE* : -ni *G* || saturninum *in ras. P* || quod *PHG* : quid *E* || amouit ω : -uet *P*¹ || m. *om. P*¹ || dolore *PH* : -em *GE* || que *om. GE* || Iulio *Manutius* : tutio ω totio *P*¹.

44. his *om. E* || causa *om. P* || nulla *PH* : nec *GE* || merendi *H* : -dae *P* merinti *G* meriti *E* || tamen *om. P*¹ || animi *Camerarius* : a- et Ω || uirilis *P*²*G* : -les *P*¹ uiri *H* -li *E* || a crocota *P* : ac roma *HGE* || a mitra *P*²*H* : am m- *P*¹ ornatus *GE* || muliebribus *PHE* : -eribus *G* || soleis *in ras. P* || fasceolis *H* : fac- *P* fasclis *GE* || a psalterio *H* : ab sale- *P* ab saltrio *GE* || a flagitio *recc.* : f- ω.

dans cet appareil, si la bienveillance de servantes ne lui avait pas facilité l'évasion d'un lieu où il n'avait pas le droit d'entrer, le peuple romain serait privé d'un ami du peuple, la république d'un tel citoyen. Grâce à cette démence dans nos discordes, sur lesquelles précisément par ces récents prodiges les dieux immortels nous donnent des avertissements, il a été arraché, lui seul, aux patriciens [1], lui qui n'avait pas le droit de devenir tribun de la plèbe. **45.** Alors que, l'année précédente, son cousin Métellus [2] et le Sénat encore uni, suivant l'avis exprimé en premier lieu par Cn. Pompée, avaient empêché et repoussé vivement la chose d'une voix et d'un cœur unanimes, il y eut, après la division des meilleurs citoyens, sur laquelle nous recevons maintenant des avertissements, une perturbation et une transformation telles que ce à quoi son cousin alors consul s'était opposé, ce qu'avait empêché son parent et confrère [3], un homme plein d'éclat, qui lui avait refusé son témoignage quand il était accusé, fut réalisé, dans la discorde des dirigeants, par le consul qui aurait dû être son adversaire le plus acharné [4], et que celui-ci déclara l'avoir fait à l'instigation d'un homme dont l'autorité ne pouvait inspirer de repentir à personne [5]. On lança sur la république un brûlot hideux et pernicieux ; on attaqua votre autorité, la majesté des ordres supérieurs, l'accord de tous les bons citoyens, bref tout le fondement de la cité. Car c'est cela qui était à vrai dire attaqué, quand on jetait sur moi, le répondant de tous ces biens, la torche brûlante de ces temps-là [6]. Je

1. En se faisant adopter par le plébéien P. Fonteius en mars 59 ; cf. § 57.
2. Q. Caecilius Celer, neveu de sa mère et mari de sa sœur, consul en 60 : cf. *Ad Att.*, I, 18, 5 ; II, 1, 4 ; *Pro Cael.*, 60.
3. Le fils de Pompée avait épousé la nièce de Clodius.
4. César, en tant que grand pontife : cf. § 4 ; 38 ; 48.
5. Pompée, en qualité d'augure. Cf. t. XIII, 1, p. 7-8.
6. Même image *Dom.*, 2 ; 30 ; 69 ; 144 ; *Pro Sest.*, 73.

repente popularis. Nisi eum mulieres exornatum ita deprendissent, nisi ex eo loco quo eum adire fas non fuerat ancillarum beneficio emissus esset, populari homine populus Romanus, res publica ciue tali careret. Hanc ob amentiam in discordiis nostris, de quibus ipsis his prodig*i*is recentibus a dis immortalibus admonemur, adreptus est unus ex patriciis cui tribuno plebis fieri non liceret. **45.** Quod anno ante frater Metellus et concors etiam tum senatus, princip*e* Cn. Pompeio sententiam dicent*e*, excluserat acerrimeque una uoce ac mente restiterat, id post discidium optimatium, de quo ipso nunc monemur, ita perturbatum itaque permutatum est ut, quod frater consul ne fieret obstiterat, quod adfinis et sodalis, clarissimus uir, qui illum reum non laudarat, excluserat, id is consul efficeret in discordiis principum, qui illi unus inimicissimus esse debuerat, eo fecisse auctore se diceret cuius auctoritatis neminem posset paenitere. Iniecta fax est foeda ac luctuosa rei publicae ; petita est auctoritas uestra, grauitas amplissimorum ordinum, consensio bonorum omnium, totus denique ciuitatis status. Haec enim certe petebantur, cum in me, cognitorem harum omnium rerum, illa flamma illorum temporum coniciebatur. Excepi et pro patria solus exarsi, sic tamen

44. prodigiis ω : -gis P^1 || a di(i)s ω : ad P^1.

45. senatus *HGE* : senatu s- *P* || principe... dicente *Manutius* : -pi (princi P^1)... -ti Ω || nunc *PHG* : hunc *E* || itaque *PH* : ita *GE* || adfinis *P* : aff- *HE* af- *G* || discordiis ω : -dis P^1 || qui illi *PGE* : quin illum *H* || eo *PHG* : ego *E* || posset *HGE* : post≡*P* || paenitere *HGE* : -ret *P* || fax est *PG* : e- f- *HE* || luctuosa *HGE* : lut- *P* || ordinum *PH* : homi- *GE* || excepi ω : excipi P^1.

l'ai reçue et j'en ai été consumé seul pour la patrie, mais dans des conditions telles que, environnés des mêmes feux, vous pouviez me voir atteint le premier pour vous et dégageant de la fumée.

XXII, **46**. Loin que les discordes s'apaisent, la haine redoublait contre ceux qu'on estimait nos défenseurs [1]. Mais voici que, à leur instigation, sous la conduite de Pompée, qui, écoutant les désirs de l'Italie, vos réclamations, les regrets du peuple romain, les excita encore pour mon salut, non seulement par son autorité mais aussi par ses prières, nous avons été rétabli [2]. Mettons enfin un terme aux discordes, reposons-nous de ces longues dissensions ! Cette peste [3] s'y oppose encore : il réunit des assemblées, il met le trouble et le désordre, en se vendant [4] tantôt aux uns [5] tantôt aux autres, et, si aucun de ceux qu'il loue ne s'en estime davantage, ils se réjouissent de l'entendre dénigrer ceux qu'ils n'aiment pas. Et moi, ce n'est pas lui qui m'étonne, — que pourrait-il faire d'autre ? — ce sont les gens pleins de sagesse et de sérieux : je m'étonne d'abord qu'ils laissent aisément un personnage illustre, qui a souvent si bien mérité de la patrie [6], subir les outrages que profère l'être le plus infâme, ensuite que les injures d'un homme dépravé et corrompu leur paraissent capables, sans que cela leur procure à eux-mêmes le moindre avantage, de porter atteinte à la gloire et à la dignité de quelqu'un, enfin qu'ils ne sentent pas, ce qu'ils me semblent toutefois soupçonner, que les assauts furieux et versatiles de cet être peuvent se tourner

1. Notamment les tribuns P. Sestius et T. Annius Milon.
2. Le 4 août 57. Sur le rôle de Pompée dans le rappel de Cicéron, après quinze mois d'exil, cf. t. XIII, 1, p. 17-20.
3. Même injure à l'adresse de Clodius *Dom.*, 2.
4. Cf. § 1 ; 28-9.
5. L'ordre des mots reste incertain dans la lacune, due à un saut du même au même.
6. Pompée ; cf. § 48 sqq.

ut uos, eisdem ignibus circumsaepti, me primum ictum pro uobis et fumantem uideretis.

XXII, **46**. Non sedabantur discordiae, sed etiam crescebat in eos odium a quibus nos defendi putabamur. Ecce eisdem auctoribus, Pompeio principe, qui cupientem Italiam, flagitantis uos, populum Romanum desiderantem non auctoritate sua solum sed etiam precibus ad meam salutem excitauit, restituti sumus. Sit discordiarum finis aliquando, a diuturnis dissensionibus conquiescamus ! Non sinit eadem ista labes : eas habet contiones, ea miscet ac turbat ut ⟨modo his se,⟩ modo uendat illis, nec tamen ita ut se quisquam, si ab isto laudatus sit, laudatiorem putet, sed ut eos quos non amant ab eodem gaudeant uituperari. Atque ego hunc non miror, — quid enim faciat aliud ? — illos homines sapientissimos grauissimosque miror, primum quod quemquam clarum hominem atque optime de re publica saepe meritum impurissimi uoce hominis uiolari facile patiuntur, deinde si existimant perditi hominis profligatique maledictis posse, id quod minime conducit ipsis, cuiusquam gloriam dignitatemque uiolari, pos-

45. eisdem *edd.* : i- *PH* hi- *E* idem ignem *G* || uideretis *P*[2]*H* : -ritis *P*[1] : -rit *GE*.

46. eos *PHG* : consules *E* || nos *om. H* || defendi *HE* : -nsi *PG* || eisdem *edd.* : i- *PHG* hi- *E* || italiam... desiderantem *PGE* : i- populum romanum d- frangitantis uos *H* || sit *H* : si *PGE* || eas habet *P* : ea facit *H*, *om. GE* || ac *PGE* : ea *H* || modo his se *A. Klotz* : *om.* Ω se modo his *Lambinus* modo se his *Baiter* || ita *om. H* || se *om. P* (*in ras.*) || laudatiorem *recc.* : -torem ω || atque ω : adque *P*[1] || non *PHE* : nunc *G* || quid... miror *om. H* || quid... publica *ad* § 50 *transf. GE* || grauissimosque *om. P*[1] || miror *in ras. P* || quod *om. G*[1] || clarum *PHG* : -ra *E* || saepe *P* : *om. H* est s- *GE* || hominis *PHG* : -nes *E* || perditi *PGE* : -tis *H*.

contre eux-mêmes. **47.** Et cette aversion excessive de quelques-uns à l'égard de certains [1] permet d'enfoncer dans la république des traits qui, tant qu'ils étaient enfoncés en moi seul, me paraissaient pénibles sans doute, mais sensiblement moins rudes. Si cet individu ne s'était pas d'abord livré à ceux qu'il jugeait séparés de votre autorité [2], si cet illustre panégyriste ne les avait pas portés au ciel par ses louanges, s'il n'avait pas menacé de lancer l'armée de C. César — en quoi il trompait, mais nul ne le réfutait — de lancer, dis-je, cette armée, enseignes déployées, contre la curie [3], s'il n'avait pas proclamé qu'il agissait avec l'appui de Cn. Pompée et la caution de M. Crassus [4], s'il n'avait pas affirmé que les consuls avaient fait cause commune avec lui [5] — en quoi seulement il ne mentait pas — aurait-il pu me persécuter avec tant de cruauté, et la république avec tant de scélératesse ?

XXIII, **48.** Mais, quand il vit que vous repreniez haleine en échappant à la crainte du massacre, que votre autorité émergeait des flots de la servitude, que revivaient le souvenir et le regret de ma personne, il se mit tout à coup à se faire valoir auprès de vous de la manière la plus trompeuse : on l'entend déclarer ici et dans les assemblées du peuple que les lois juliennes [6] ont été portées au mépris des auspices [7] ; or, parmi elles figurait cette loi curiate qui fondait tout son tribunat [8] ; mais, aveuglé par la démence, il ne la voyait pas. Il produisait comme témoin

1. Celle des *optimates* contre Pompée ; cf. § 48 sqq. Intr., p. 10-1.
2. Les triumvirs ; cf. § 50.
3. Au début de 58 : cf. *Sen.*, 32 ; *Dom.*, 131 ; *Pro Sest.*, 40-2.
4. Cf. § 48 ; *Dom.*, 66 ; *Pro Sest.*, 39.
5. A. Gabinius et L. Calpurnius Piso ; cf. § 2.
6. Portées par César pendant son consulat de 59.
7. Cf. *Dom.*, 40 ; *Ad Att.*, II, 12, 2. Cette « palinodie » peut s'expliquer soit par une manœuvre de César (Jér. Carcopino, *Hist. Rom.*, II, p. 769), soit plutôt par une pression de Clodius pour empêcher le rappel de Cicéron (P. Grimal, t. XVI, 1, p. 26-7).
8. En sanctionnant son adoption par un plébéien : cf. § 45.

tremo quod non sentiunt, id quod tamen mihi iam suspicari uidentur, illius furentis ac uolaticos impetus in se ipsos posse conuerti. **47.** Atque ex hac nimia nonnullorum alienatione a quibusdam haerent *ea* tela in re publica quae, quamdiu haerebant in uno me, grauiter equidem, sed aliquanto leuius ferebam. An iste, nisi primo se dedisset eis quorum animos a uestra auctoritate seiunctos esse arbitrabatur, nisi eos in caelum suis laudibus praeclarus auctor extolleret, nisi exercitum C. Caesaris, — in quo fallebat, sed eum nemo redarguebat — nisi eum, inquam, exercitum signis infestis in curiam se immissurum minitaretur, nisi se Cn. Pompeio adiutore, M. Crasso auctore, quae faciebat, facere clamaret, nisi consules causam coniunxisse secum — in quo uno non mentiebatur — confirmaret, tam crudelis mei, tam sceleratus rei publicae uexator esse potuisset ?

XXIII, **48.** Idem, posteaquam respirare uos a metu caedis, emergere auctoritatem uestram e fluctibus illis seruitutis, reuiuiscere memoriam ac desiderium mei uidit, uobis se coepit subito fallacissime uenditare : tum leges Iulias contra auspicia latas et hic et in contionibus dicere, in quibus legibus inerat curiata illa lex

46. id *PHG* : hic *E* || conuerti P^2H : -te P^1 -tere *GE*.

47. hac ω : hanc P^1 || alienatione a *H* : -ne et P^2-neret *GE* aliena || et P^1 || haerent ea *Manutius* : h(a)erentia P^2 (*in ras.*) *HGE* aerentia P^1 || uno me *PH* : me uno *GE* || eis *edd.* : iis P^2HG is P^1 *om.* *E* || a uestra *PHG* : aurum *E* || arbitrabatur *recc.* : -bamur ω || c. *recc.* : *om.* ω || caesaris... exercitum *om.* P^1 || nisi se *GE* : nisi P^2H nise P^1 auctore *PHG* : adiutore *E* || consules *H* : -ultes P^1 -ulis P^2G -ul *E* || coniun(c)xisse *PHG* : conuinx- *E* || mentiebatur *HE* : menci- *P* meti- *G*.

48. a *PHG* : ac *E* || e *P* : a *H* et *GE* || fluctibus *PHG* : flet- *E* || reuiuiscere *HGE* : reuiues- *P* || tum *PHG* : tu in *E* || in quibus *P* :

un homme très courageux, M. Bibulus [1] ; il lui demandait si, pendant que C. César portait ses lois, il avait toujours observé le ciel ; l'autre répondait qu'il l'avait toujours observé. Il interrogeait les augures pour savoir si des mesures portées dans ces conditions l'avaient été correctement ; les autres répondaient qu'elles l'avaient été irrégulièrement. Il était bien vu de certains hommes de bien [2], qui m'avaient rendu les plus grands services, mais qui, je pense, ignoraient sa frénésie. Il alla plus loin : contre Cn. Pompée lui-même, qu'il avait coutume de proclamer le garant de ses projets, il se mit à déblatérer ; il s'attirait la reconnaissance de quelques personnes. **49.** Alors il se flatta de l'espoir que, après avoir réussi à rabaisser par un crime abominable celui qui, en toge, avait éteint une guerre civile [3], il pourrait abattre aussi celui-là même qui, dans des guerres extérieures, avait triomphé des ennemis ; alors fut saisi dans le temple de Castor ce poignard criminel qui faillit détruire notre empire [4] ; alors ce héros, devant lequel aucune ville ennemie ne resta jamais longtemps fermée, qui força toujours par sa vigueur et sa valeur tous les passages étroits, toutes les hauteurs de murs, fut assiégé dans sa propre maison [5] ; et moi, que certains ignorants taxaient de timidité, je fus affranchi de ce reproche par sa décision et sa conduite. En effet, si Cn. Pompée, le plus courageux de tous les mortels, a trouvé plus malheureux que honteux, tant que

1. Collègue de César au consulat de 59, M. Calpurnius tenta de s'opposer à ses mesures par la retraite et l'*obnuntiatio* : cf. *Dom.*, 39-40 ; *Ad Att.*, II, 21, 5 ; *Ad Fam.*, I, 9, 7. Dion Cassius, XXXVIII, 16.
2. Cf. § 50 ; *Ad Fam.*, I, 9, 19.
3. La conjuration de Catilina : cf. § 58 ; *Cat.*, II, 1 ; 28 ; III, 17 ; *Dom.*, 99 ; *Pro Sest.*, 11 ; *In Pis.*, 5-6.
4. Le 11 août 58, au Sénat : cf. § 34 ; *Dom.*, 129 ; *Pro Sest.*, 69 ; *In Pis.*, 28 ; *Pro Mil.*, 37. Asconius, *ibid.* ; Plutarque, *Pomp.*, 49.
5. Cf. § 6 ; 38 ; 58 ; *Sen.*, 4-5 ; *Quir.*, 14 ; 29 ; *Dom.*, 8 ; 67 ; 110 ; *Pro Sest.*, 69 ; *In Pis.*, 16 ; 29. Asconius, *loc. cit.*

quae totum eius tribunatum continebat, quam caecus amentia non uidebat. Producebat fortissimum uirum, M. Bibulum, quaerebat ex eo, C. Caesare leges ferente, de caelo semperne seruasset; semper se ille seruasse dicebat. Augures interrogabat, quae ita lata essent, rectene lata essent; illi uitio lata esse dicebant. Ferebant in oculis hominem quidam boni uiri et de me optime meriti, sed illius, ut ego arbitror, furoris ignari. Longius processit : in ipsum Cn. Pompeium, auctorem, ut praedicare est solitus, consiliorum suorum, inuehi coepit; inibat gratiam a nonnullis. **49.** Tum uero elatus spe posse se, quoniam togatum domestici belli exstinctorem nefario scelere foedasset, illum etiam, illum externorum bellorum hostiumque uictorem adfligere; tum est illa in templo Castoris scelerata et paene deletrix huius imperi sica deprensa; tum ille cui nulla hostium diutius urbs umquam fuit clausa, qui omnis angustias, omnis altitudines *moe*nium obiecta*s* semper ui ac uirtute perfregit, obsessus ipse est domi, meque nonnulla imperitorum uituperatione timiditatis meae consilio et facto suo liberauit. Nam, si Cn. Pompeio, uiro uni omnium fortissimo quicumque nati sunt, miserum magis fuit quam turpe, quamdiu ille tribunus plebis fuit, lucem

q- *HGE* || quam Ω : quod *Madvig* || producebat ω : -am P^1 || ne *om.* *P* || augures *PGE* : lug- *H* || hominem *PH* : -num *GE* || optime ω : -i P^1 || illius *om.* P^1 || pompeium ω : -i P^1 || solitus ω : sollici- P^1.
49. posse se P^2GE : elatus spe p- P^1 est ratus se p- *H* || sica deprensa *P* : sicca d- *H* sic adprehen- *GE* || omnis *PH* : emisunt *G* emissas *E* || angustias *PHE* : aug- *G* || altitudines *H* : -nis *PGE* || moenium *Baiter* : omnium *PGE* onūū *H* || obiectas *Baiter* : -ta *P* -ta tela *HGE* || ipse est *PHG* : est i- *E* || imperitorum *PHG* : -ratorum *E* || miserum ω : -errumum P^2.

l'autre fut tribun de la plèbe, de ne pas apercevoir la lumière, de renoncer à se montrer en public, de supporter ses menaces, quand il annonçait dans les assemblées du peuple qu'il voulait élever aux Carènes [1] un autre portique pour faire pendant à celui du Palatin [2], pour moi, en vérité, quitter ma maison a été pénible sur le plan de la douleur privée, mais glorieux eu égard à la république [3].

XXIV, 50. Vous voyez donc que cet homme, qui, livré à lui-même, était depuis longtemps abattu et terrassé, se relève grâce aux discordes pernicieuses des meilleurs citoyens ; si les débuts de sa frénésie ont été soutenus par les dissentiments de ceux qui semblaient alors séparés de vous [4], le reste de son tribunat, déjà sur le déclin, a été défendu, même après ce tribunat, par leurs détracteurs et leurs adversaires [5], qui ont empêché que ce fléau de la république ne fût écarté de la république, qu'il eût même à plaider sa cause [6], qu'il restât même un particulier. Comment certains des meilleurs citoyens ont-ils même pu tenir dans leur sein et sous leurs caresses cette vipère [7] pleine de venin et de poison ? par quel service enfin ont-ils été leurrés ? « Je veux, disent-ils, avoir quelqu'un qui rabaisse Pompée dans l'assemblée. » Qu'il rabaisse, lui, en dénigrant ? Je voudrais que ce grand homme, qui a tant fait pour mon salut, interprète bien mes paroles, je dirai en tous cas ce que je pense [8]. Par ma foi, l'autre semblait rabaisser sa très haute dignité au moment précis où il lui prodiguait les plus grands éloges [9].

1. Quartier élégant, où Pompée possédait une belle propriété.
2. Celui de Catulus, que Clodius avait transformé à son profit en confisquant la maison voisine de Cicéron ; cf. § 33.
3. Expression semblable *Pro Sest.*, 27.
4. Les triumvirs, en 59-8 ; cf. § 47.
5. Sur ces *optimates*, cf. *Dom.*, 42 ; *De Pr. C.*, 45.
6. Sous les accusations de Milon ; cf. § 7.
7. Même métaphore injurieuse § 55 ; *In Vat.*, 4.
8. Même profession de foi *Dom.*, 25.
9. Même idée *In Pis.*, 72.

non adspicere, carere publico, minas eius perferre, cum in contionibus diceret uelle se in Carinis aedificare alteram porticum, quae Palatio responderet, certe mihi exire domo mea ad priuatum dolorem fuit luctuosum, ad rationem rei publicae gloriosum.

XXIV, **50.** Videtis igitur hominem, per se ipsum iam pridem adflictum ac iacentem, perniciosis optimatium discordiis excitari, cuius initia furoris dissensionibus eorum qui tum a uobis seiuncti uidebantur sustentata sunt, reliqua iam praecipitantis tribunatus etiam post tribunatum obtrectatores eorum atque aduersarii defenderunt, ne a re publica rei publicae pestis remoueretur restiterunt, etiam ne causam diceret, etiam ne priuatus esset. Etiamne in *sinu* atque in deliciis quidam optimi uiri uiperam illam uenenatam ac pestiferam habere potuerunt ? quo tandem decepti munere ? « Volo, inquiunt, esse qui in contione detrahat de Pompeio. » Detrahat ille uituperando ? Velim sic hoc uir summus atque optime de mea salute meritus accipiat ut a me dicitur, dicam quidem certe quod sentio. Mihi, me dius fidius, tum de illius amplissima dignitate detrahere, cum illum maximis laudibus ecferebat, uidebatur. **51.** Vtrum ta*ndem* C. Marius splendidior,

49. in contionibus *P* : in concio- *H* ment- *GE* || aedi=ficare *P* || quae *PHG* : queq ; *E* || cer=te *P* || mihi *om. H*.
50. p=ridem *P* || cuius *PHG* : cui *E* || a *om. P* || eorum atque *PHG* : a- e- *E* || re ω : rei H^1 || ne P^2 : ne ne P^1 ne meam *HGE* || sinu *Angelius* : senatu Ω || atque ω : adque P^1 || in *om. GE* || *post* illam, quid... publica *ex* § 46 *transf. GE* || optime de mea salute *PGE* : de mea s- o- *H* || quidem *om. H* || quod *recc.* : quid ω || illum *om. P* || ecferebat *P* : efferre *H* et ferre *GE*.
51. tandem *Angelius* : tamen Ω.

51. Quand donc C. Marius avait-il plus d'éclat [1] ? quand C. Glaucia le louait ou quand il le dénigrait ensuite sous l'effet de la colère [2] ? Quant à ce dément, qui se précipite depuis longtemps vers son châtiment et sa perte, s'est-il montré plus vil ou plus ignoble en accusant Cn. Pompée qu'en dénigrant le Sénat tout entier ? je m'étonne, à vrai dire, que, si l'un de ces actes plaît aux gens irrités, l'autre ne heurte pas d'aussi bons citoyens. Mais cela ne saurait charmer plus longtemps les meilleurs des hommes, pour peu qu'ils lisent ce discours dont je parle [3] ; dirai-je qu'il y honore ou plutôt qu'il y avilit Pompée ? Sans doute il le loue, il le proclame le seul de cette cité à égaler la gloire de notre empire, il annonce qu'il est son ami intime et qu'il y a eu réconciliation entre eux. 52. Eh bien ! moi, sans savoir ce qu'il en est, j'estime cependant que, s'il était l'ami de Pompée, il n'aurait pas fait son éloge : qu'aurait-il pu faire de plus, s'il était son ennemi acharné, pour rabaisser sa gloire ? Avis à ceux qui se réjouissaient de le voir l'ennemi de Pompée et qui pour cette raison fermaient les yeux sur de si nombreux et de si grands crimes et saluaient même parfois de leurs applaudissements ses fureurs passionnées et effrénées ; qu'ils voient comme il a vite fait volte-face : il va maintenant jusqu'à le louer et déblatérer contre ceux près desquels auparavant il se faisait valoir. Que pensez-vous qu'il fera s'il obtient son retour en grâce, lui qui se glisse si volontiers dans la croyance à une réconciliation ?

1. Tout en blâmant la violence et la cruauté de Marius, Cicéron admirait en lui l'*homo nouus*, le citoyen d'Arpinum, le défenseur de la république et le sauveur de la patrie : cf. § 54 ; *Quir.*, 19 ; *Pro Sest.*, 37-8 ; 50 ; *De Pr. C.*, 32 ; *Pro Balb.*, 46-9 ; *In Pis.*, 43.

2. C. Servilius Glaucia fut tribun en 104 et 101, préteur en 100 ; d'abord partisan de Marius, il se sépara de lui et s'unit au démagogue L. Appuleius Saturninus (cf. § 41 ; 43), avec lequel il fut tué en décembre 100, à la suite d'un *senatus consultum ultimum*, sur l'ordre de Marius.

3. Cf. § 8. Intr., p. 12.

cum eum Gaius Glaucia laudabat, an cum eundem iratus postea uituperabat ? An ille demens et iam pridem ad poenam exitiumque praeceps foedior aut inquinatior in Cn. Pompeio accusando quam in uniuerso senatu uituperando fuit ? quod quidem miror, cum alterum gratum sit iratis, alterum esse tam bonis ciuibus non acerbum. Sed, ne id uiros optimos diutius delectet, legant hanc eius contionem de qua loquor ; in qua Pompeium ornat an potius deformat ? Certe laudat et unum esse in hac ciuitate dignum huius imperi gloria dicit, et significat se illi esse amicissimum et reconciliationem esse gratiae factam. **52.** Quod ego, quamquam quid sit nescio, tamen hoc statuo, hunc, si amicus esset Pompeio, laudaturum illum non fuisse : quid enim, si illi inimicissimus esset, amplius ad eius laudem minuendam facere potuisset ? Videant ei, qui illum Pompeio inimicum esse gaudebant ob eamque causam in tot tantisque sceleribus coniuebant et nonnumquam eius indomitos atque ecfrenatos furores plausu etiam suo prosequebantur, quam se cito inuerterit : nunc enim iam laudat illum, in eos inuehitur quibus se antea uenditabat. Quid existimatis eum, si reditus ei gratiae

51. glaucia *P* : -iae *H* claudia *GE* || demens *PHG* : clem- *E* || aut inquinatior *P*[2]*H* : aut inquan- *P*[1] an i- *E* anq- *G* || quam in uniuerso *om.* *P*[1] || esse *H* : -et *PGE* || id *PHG* : ad *E* || laudat et *HGE* : -det *P* || ciuitate *HGE* : dignit- *P* || dignum *om.* *E* || gloria *om.* *H* || se *PHG* : si *E* || illi ω : illis *P*[1] || esse gratiae (graciae *P*) *PH* : g- e- *GE*.

52. quid *PGE* : quis *H* || eius ω : ius *P*[1] || ei *edd.* : ii *P* hi *HGE* || gaudebant *HGE* : -eant *P* || coniuebant *recc.* : contue- ω || ecfrenatos *P*[2] : eff- *HGE* ef- *P*[1] || inuehitur *P*[2]*HE* : -eitur *P*[1] uidebi- *G* || existimatis ω : -astis *P*[1].

XXV, 53. A quelles autres « discordes entre les meilleurs citoyens [1] » pourrais-je appliquer l'allusion des dieux immortels ? Car ce terme là ne saurait désigner ni P. Clodius ni aucun de ses acolytes [2] ou de ses conseillers. Les livres étrusques ont des mots précis qui pourraient convenir à ce genre de citoyens : ils les appellent « pervers et exclus », comme vous l'entendrez bientôt [3], ces gens dont les pensées et les actions sont dépravées et totalement étrangères au salut commun. C'est pourquoi, quand les dieux immortels attirent l'attention sur la discorde des meilleurs citoyens, ils parlent des dissensions entre les plus illustres et les plus méritants ; quand ils annoncent pour les dirigeants [4] le péril et le meurtre, ils mettent à l'abri Clodius, aussi éloigné des dirigeants que des gens honnêtes et scrupuleux. 54. C'est pour vous, ô les plus illustres et les meilleurs citoyens, et pour votre salut qu'ils voient la nécessité de prendre des mesures et des précautions. On annonce le meurtre des dirigeants ; on ajoute, ce qui suit nécessairement la mort des meilleurs citoyens, de prendre garde que l'État ne tombe au pouvoir d'un seul. Si cette crainte ne nous était pas inspirée par les avertissements des dieux, nous y serions entraînés nous-mêmes par notre bon sens et notre conjecture : en effet, les discordes entre citoyens illustres et puissants ne se terminent habituellement que par une extermination générale ou par la domination et la tyrannie du vainqueur [5]. Il y eut dissension entre Marius, citoyen très illustre, et un consul très noble et très courageux, L. Sylla [6] ;

1. Cf. § 40.
2. Les mots *grex* et *gregalis* ont une valeur péjorative : cf. *Dom.*, 24 ; 75 ; *Pro Sest.*, 111-2.
3. § 56.
4. Le terme *principes*, vague à dessein, peut englober les triumvirs, surtout Pompée ; cf. § 45 ; 54-5.
5. Même pensée *Cat.* III, 24 ; *Ad Att.*, VII, 3, 4.
6. En 88-86 ; cf. § 18 ; 51.

patuerit, esse facturum, qui tam libenter in opinionem gratiae inrepat ?

XXV, **53.** Quas ego alias « optimatium discordias » a dis immortalibus definiri putem ? Nam hoc quidem uerbo neque P. Clodius neque quisquam de gregalibus eius aut de consiliariis designatur. Habent Etrusci libri certa nomina, quae in id genus ciuium cadere possint : « deteriores, repulsos », quod iam audietis, hos appellant quorum et mentes et res sunt perditae longeque a communi salute diiunctae. Quare, cum di immortales monent de optimatium discordia, de clarissimorum et optime meritorum ciuium dissensione praedicunt ; cum principibus periculum caedemque portendunt, in tuto conlocant Clodium, qui tantum abest a principibus quantum a puris, quantum ab religiosis. **54.** Vobis, o clarissimi atque optimi ciues, et uestrae saluti consulendum et prospiciendum uident. Caedes principum ostenditur ; id quod interitum optimatium sequi necesse est adiungitur, ne in unius imperium res reccidat admonemur. Ad quem metum, si deorum monitis non duceremur, tamen ipsi nostro sensu coniecturaque raperemur : neque enim ullus alius discordiarum solet esse exitus inter claros ⟨ac⟩ potentis uiros, nisi aut

52. patuerit... gratiae *om.* *E* || inrepat *recc.* : incr- *PH* increpatur *G* increpatus *E*.

53. optimatium *PHE* : -atum *G* || aut *om.* P^1 || etrusci *PGE* : ethr- *H* || certa nomina *PHG* : n- c- *E* || deteriores *PH* : -ore *GE* || appellant ω : -at P^1 || res sunt *PH* : s- r- *GE* || diiunctae P^2H : deiun- P^1 disiun- *GE* || tuto *PHE* : toto *G* || quantum ω : q- abest a principibus P^1 || puris *H* : pueris *PG* peritis *E*.

54. clarissimi *E* : ca- *PHG* || uestrae *PHE* : uniuersae *G* || principum ω : -pium H^1 || reccidat *P* : reci- *HGE* || si ω : se P^1 || ac *Baiter* : et *ed. Rom.*, *om.* Ω.

chacun d'eux a sombré dans la défaite, tout en obtenant la tyrannie par la victoire. Il y eut désaccord entre Octavius et son collègue Cinna[1] ; chacun d'eux a reçu de la bonne fortune la tyrannie, de la mauvaise la mort. Le même Sylla l'emporta une seconde fois ; alors sans aucun doute il exerça un pouvoir tyrannique[2], bien qu'il eût rétabli la république. 55. Il existe en ce moment une haine manifeste, et elle est profondément implantée et imprimée dans l'âme des plus grands citoyens : il y a désaccord entre les dirigeants ; on épie l'occasion : ceux qui ont moins de forces attendent cependant je ne sais quelle chance et quelle circonstance ; ceux qui ont sans conteste plus de pouvoir redoutent peut-être parfois les projets et les avis de leurs adversaires[3]. Chassons cette discorde de la cité ; dès lors, toutes ces craintes qu'on présage s'éteindront ; dès lors ce serpent[4] qui tantôt se cache ici tantôt se dresse et se porte là-bas, ne pourra plus, étouffé, écrasé, que mourir.

Les projets secrets.

XXVI. Car les dieux nous avertissent encore d'éviter « que des projets secrets ne nuisent à la république[5] ». Y en a-t-il de plus secrets que ceux d'un homme qui a osé dire dans l'assemblée du peuple qu'il fallait proclamer l'arrêt des affaires, interrompre la justice, fermer le trésor, suspendre les tribunaux ? Iriez-vous croire que l'idée d'une telle confusion et d'un tel bouleversement dans la cité ait pu se présenter soudain à son esprit, plongé dans la réflexion, sur les rostres ? Sans doute est-il plein de vin, de

1. Cn. Octavius et L. Cornélius Cinna partageaient le consulat en 87 ; le premier, d'abord vainqueur, fut décapité ; le second tué, après trois années de pouvoir absolu ; cf. § 18.
2. Il fut dictateur de 82 à 79 ; cf. *Pro R. Am.*, 23 ; *Dom.*, 79.
3. Les aristocrates et les triumvirs : cf. Intr., p. 21.
4. Clodius : cf. § 50.
5. Sur la valeur de cette formule, cf. Intr., p. 16 ; 21.

uniuersus interitus aut uictoris dominatus ac regnum. Dissensit cum Mario, clarissimo ciue, consul nobilissimus et fortissimus, L. Sulla ; horum uterque ita cecidit uictus ut uictor idem regnauerit. Cum Octauio collega Cinna dissedit ; utrique horum secunda fortuna regnum est largita, aduersa mortem. Idem iterum Sulla superauit ; tum sine dubio habuit regalem potestatem, quamquam rem publicam recuperarat. **55.** Inest hoc tempore haud obscurum odium, atque id insitum penitus et inustum animis hominum amplissimorum : dissident principes ; captatur occasio : qui non tantum opibus ualent nescioquam fortunam tamen ac tempus exspectant ; qui sine controuersia plus possunt, ei fortasse nonnumquam consilia ac sententias inimicorum suorum extimescunt. Tollatur haec e ciuitate discordia ; iam omnes isti, qui portenduntur, metus exstinguentur ; iam ista serpens, quae tum hic delitiscit, tum se emergit et fertur illuc, compressa atque inlisa, morietur.

XXVI. Monent enim eidem « ne occultis consiliis res publica laedatur ». Quae sunt occultiora quam eius qui in contione ausus est dicere iustitium edici oportere, iuris dictionem intermitti, claudi aerarium, iudicia tolli ? Nisi forte existimatis hanc tantam conluuionem

54. dominatus P^2HE : domitus P^1 dim- G || ac *Madvig* : aut Ω et *Lehmann* || sulla PG : sylla H silla E || ut ω : et P^1 || utrique P^1GE : -isque P^2H || sulla PG : sylla H silla E || tum *recc.* : tamen ω || recuperarat PE : -rauit H -rant G.

55. inest PHG : in E || haud P^2 : haut G aut P^1H enim aut E || odium *om.* H || animis hominum PH : h- a- GE || ex(s)pectant PH : -tent GE || possunt ω : -sent G^1 || ei P : e G et HE || haec *om.* H || ciuitate ω : -em P^1 || extinguentur PH : -guitur G^1 -guuntur G^2 -guntur E || quae HGE : que P || delitiscit P^2GE^2 : -tescit H -tis P^1 -cite E^1 || tum se *om.* P^1 || illisa P^2G : -lis P^1E -lic H || edici

débauche, de sommeil, plein de la plus folle et de la plus démente irréflexion ; mais c'est dans des veilles nocturnes et même dans un complot à plusieurs que cet arrêt des affaires a été combiné et médité. Souvenez-vous, pères conscrits, que nos oreilles ont été mises à l'épreuve par ce mot abominable [1] et qu'une route pernicieuse a été ouverte par l'habitude prise de l'entendre.

Les mauvais citoyens.

56. Vient ensuite la recommandation de « ne pas accorder de nouveaux honneurs aux hommes pervers et exclus ». Voyons les « exclus » ; je vous montrerai ensuite quels sont les gens « pervers » [2]. Cependant, que ce mot s'applique particulièrement à celui qui parmi tous les mortels est sans aucun doute le plus pervers, il faut en convenir. Qui sont donc les « exclus » ? Non pas, à mon avis, ceux qui parfois n'ont pas obtenu un honneur par la faute de la cité et non par la leur, car cet accident est arrivé souvent à beaucoup d'excellents citoyens et d'hommes très honorables. Les « exclus » sont ceux qui, alors qu'ils visaient à tout, alors qu'ils préparaient des combats de gladiateurs au mépris des lois [3], alors qu'ils faisaient ouvertement des largesses, ont été repoussés non seulement par des étrangers mais encore par leurs proches, leurs voisins, les membres de leur tribu, les gens de la ville et de la campagne. Voilà ceux auxquels les dieux recommandent de ne pas attribuer de nouveaux honneurs ; il faut être reconnaissant d'une telle prescription, mais le peuple romain lui-même, sans recevoir aucun avertissement des haruspices, a évité spontanément ce malheur. 57. Gardez-vous des « pervers » ; ils forment

1. Le *iustitium* n'était proclamé qu'en cas de crise grave.
2. Cette distinction, établie sans doute par Cicéron, lui permet d'attaquer à la fois Clodius et Vatinius ; cf. Intr., p. 22.
3. La *lex Tullia de ambitu*, portée par Cicéron en 63 : cf. *Pro Sest.*, 133 ; *In Vat.*, 37.

illi tantamque euersionem ciuitatis in mentem subito, in rostris cogitanti, uenire potuisse. Est quidem ille plenus uini, stupri, somni plenusque inconsidera[n]tissimae ac dementissimae temeritatis ; uerumtamen nocturnis uigiliis, etiam coitione hominum iustitium illud concoctum atque meditatum est. Mementote, patres conscripti, uerbo illo nefario temptatas auris nostras et perniciosam uiam audiendi consuetudine esse munitam.

56. Sequitur illud : « Ne deterioribus repulsisque honos augeatur. » « Repulsos » uideamus ; nam « deteriores » qui sint, post docebo. Sed tamen in eum cadere hoc uerbum maxime, qui sit unus omnium mortalium sine ulla dubitatione deterrimus, concedendum est. Qui sunt igitur « repulsi » ? Non, ut opinor, ei qui aliquando honorem uitio ciuitatis, non suo non sunt adsecuti : nam id quidem multis saepe optimis ciuibus atque honestissimis uiris accidit. « Repulsi » sunt ei quos ad omnia progredientis, quos munera contra leges gladiatoria parantis, quos apertissime largientis, non solum alieni sed etiam sui, uicini, tribules, urbani, rustici reppulerunt. Hi ne honore augeantur, monent. Debet esse gratum quod praedicunt ; sed tamen huic malo populus Romanus ipse, nullo haruspicum admonitu, sua sponte prospexit. **57.** « Deteriores »

PH : de- *GE* || cogitanti *P* : ei c- *GE* nec c- *H* || inconsideratissimae *A. Klotz* : -rantissimae Ω || coitione *PHG* : cont- *E* || uiam *HGE* : uiuam *P*[1] uitam *P*[2].

56. unus *om. H* || sunt *PH* : sint *GE* || opinor *PHG* : -nioni *E* || ei *edd.* : ii *PGE* hi *H* || atque *HGE* : at *P* || ei *edd.* : ii *PG* hii *H* hi *E* || munera *HGE* : numera *P* || hi ne *PH* : ii ne *G* sine *E* || monent *GE* : -et *P* -emus *H* || debet *PHE* : -ent *G* || malo *om. P*[1] || populus ω : -lo *P*[1] || admonitu ω : m- *E*[1].

en vérité une grande secte [1] ; mais ils ont tous pour chef et dirigeant [2] cet homme. En effet, si quelque poète [3] d'un génie supérieur voulait nous présenter l'homme en soi le plus pervers, enlaidi par des vices imaginés et recherchés avec soin, il ne pourrait assurément découvrir aucune ignominie qui n'existât en lui et il laisserait échapper bien des traits profondément fixés et enracinés en lui.

XXVII. C'est à nos parents, aux dieux immortels et à la patrie que nous attache d'abord la nature, car dans le même temps nous sommes portés à la lumière du jour, gratifiés de ce souffle céleste et inscrits à une place déterminée dans la cité et dans la liberté. Cet individu a étouffé sous le nom de Fonteius le nom, les cultes, le souvenir et la famille de ses parents [4] ; il a bouleversé par un crime inexpiable les feux, les sièges et les tables des dieux, les foyers cachés et intimes, les cérémonies secrètes et inaccessibles aux yeux et aux oreilles des hommes [5] ; et il a encore incendié le temple des déesses [6] qui nous prêtent même secours dans les autres incendies. **58.** Que dire de la patrie ? quand il a d'abord chassé de la ville et de tous les postes de garde dans la patrie, par la violence, le fer et les périls, le citoyen que vous avez si souvent proclamé le sauveur de la patrie [7], puis, après avoir abattu celui que j'ai toujours nommé le compagnon et qu'il appelait, lui, le chef du Sénat [8], a bouleversé par la violence, le meurtre et les incendies le Sénat lui-même, qui dirige le salut et la pensée de l'État, a

1. Réplique au mot de Clodius *natio optimatium* : *Pro Sest.*, 96.
2. Allusion ironique aux *principes* de la cité : cf. § 53-5.
3. Cf. § 20 ; 59.
4. Cf. § 44-5 ; *Dom.*, 34-5. Cicéron exagère : adopté par *adrogatio*, Clodius n'a pas pris le nom du jeune P. Fonteius.
5. Cf. § 4 ; 8.
6. Les Nymphes, déesses des eaux : *Pro Mil.*, 73 ; *Par.*, IV, 31.
7. Titre conféré à Cicéron le 3 décembre 63 ; cf. *Dom.*, 101...
8. Pompée ; cf. § 49. *Dux* évoque un chef militaire : cf. § 57.

cauete ; quorum quidem est magna natio ; sed tamen eorum omnium hic dux est atque princeps. Etenim, si unum hominem deterrimum poeta praestanti aliquis ingenio, fictis conquisitisque uitiis deformatum, uellet inducere, nullum profecto dedecus reperire posset quod in hoc non inesset, multaque in eo penitus defixa atque haerentia praeteriret.

XXVII. Parentibus et dis immortalibus et patriae nos primum natura conciliat : eodem enim tempore et suscipimur in lucem et hoc caelesti spiritu augemur et certam in sedem ciuitatis ac libertatis adscribimur. Iste parentum nomen, sacra, memoriam, gentem Fonteiano nomine obruit ; deorum ignis, solia, mensas, abditos ac penetrales focos, occulta et maribus non inuisa solum sed etiam inaudita sacra inexpiabili scelere peruertit ; idemque earum templum inflammauit dearum quarum ope etiam aliis incendiis subuenitur. **58.** Quid de patria loquar ? qui primum eum ciuem ui, ferro, periculis urbe, omnibus patriae praesidiis depulit quem uos patriae conseruatorem esse saepissime iudicaritis, deinde, euerso senatus, ut ego semper dixi, comite, duce, ut ille dicebat, senatum ipsum, principem salutis mentisque publicae, ui, caede incendiisque peruertit, sustulit duas

57. aliquis ω : -quid P^1 || que uitiis *om.* P^1 || uellet *PHG* : solet *E* || reperire *PG* : repp- *E* repperiret *H* || in hoc non inesset *PH* : non i- in hoc *GE* || conciliat *PHG* : -a *E* || eodem PHE^2 : eidem GE^1 || suscipimur *PHE* : -mus *G* || adscribimur *G* : as- P^2 ass- *HE* ascribemur P^1 || fonteiano *PHG* : -iā *E* || nomine *PH* : nomen omne *GE* || solia ω : soli ac E^2 || mensas *HGE* : -ses *P* || penetrales *HG* : poen- *P* -abiles *E*.

58. loquar *PHG* : -uor *E* || urbe *PHG* : -ē *E* || iudicaritis *PG* : -retis *H* -aueritis *E* || senatus *H* : -tu *PGE* || ui caede *PHG* : uitae

supprimé les deux lois Aelia et Fufia, particulièrement salutaires à la république [1], a étouffé la censure [2], a écarté le droit d'intercession, a détruit les auspices, a armé les consuls, complices de son crime, en leur livrant le trésor, des provinces et une armée, a vendu ceux qui étaient rois, a proclamé ceux qui ne l'étaient pas, a bloqué par le fer Cn. Pompée dans sa maison, a renversé les monuments des généraux, a dévasté les maisons de ses adversaires, a inscrit son nom sur vos monuments. Infinis sont les crimes qu'il a perpétrés contre la patrie, et aussi, individuellement, contre les citoyens, qu'il a tués, contre les alliés, qu'il a dépouillés, contre les généraux, qu'il a trahis, contre les armées, qu'il a tenté de soulever. **59.** Et combien sont énormes les crimes qu'il a perpétrés contre lui-même et contre les siens ! Qui a jamais moins épargné le camp des ennemis que lui toutes les parties de son corps ? quel bateau naviguant sur un cours d'eau public a jamais été aussi livré à l'usage de tous que le jeune âge de ce vaurien ? quel débauché s'est jamais roulé dans les bras des courtisanes aussi librement que lui dans les bras de ses sœurs ? Bref, les poètes qui ont imaginé Charybde et Scylla [3] ont-ils jamais pu représenter un gouffre aussi démesuré, capable d'engloutir autant de tourbillons, qu'il a, lui, avalé de dépouilles prises aux Byzantins [4] et aux Brogitariens [5], ou un monstre entouré de chiens aussi hérissés et affamés que lui, quand vous le voyez, avec les Gellius, les Clodius et les Titius [6], dévorer les rostres mêmes [7] ?

1. Elles donnaient aux magistrats un droit — excessif — d'*obnuntiatio* ; cf. *Sen.*, 11 ; *Pro Sest.*, 33 ; 56 ; *In Pis.*, 9-10...
2. Il réduisit seulement son pouvoir d'exclure du Sénat.
3. Cf. § 20 ; 57. Même image *De Sign.*, 146 ; *Pro Sest.*, 18.
4. Sur son trafic avec des exilés, cf. *Dom.*, 129 ; *Pro Sest.*, 56.
5. Cf. § 28-29.
6. Sur ces acolytes, cf. § 11 ; *Dom.*, 21 ; *Pro Sest.*, 80 ; 112.
7. Jeu de mots avec les navires engloutis par Scylla.

leges Aeliam et Fufiam, maxime rei publicae salutares, censuram exstinxit, intercessionem remouit, auspicia deleuit, consules, sceleris sui socios, aerario, prouinciis, exercitu armauit, reges qui erant uendidit, qui non erant appellauit, Cn. Pompeium ferro domum compulit, imperatorum monumenta euertit, inimicorum domus disturbauit, uestris monumentis suum nomen inscripsit. Infinita sunt scelera, quae ab illo in patriam sunt edita ; quid ? quae in singulos ciues, quos necauit, socios, quos diripuit, imperatores, quos prodidit, exercitus, quos temptauit ? **59.** Quid uero ? ea quanta sunt quae in ipsum se scelera, quae in suos edidit ! Quis minus umquam pepercit hostium castris quam ille omnibus corporis sui partibus ? quae nauis umquam in flumine publico tam uolgata omnibus quam istius aetas fuit ? quis umquam nepos tam libere est cum scortis quam hic cum sororibus uolutatus ? Quam denique tam immanem Charybdim poetae fingendo exprimere potuerunt, quae tantos exhaurire gurgites possit quantas iste Byzantiorum Brogitarorumque praedas exorbuit, aut tam eminentibus canibus Scyllam tamque ieiunis quam quibus istum uidetis, Gelliis, Clodiis, Titiis, rostra ipsa mandentem ?

de *E* || aeliam *PHG* : he- *E* || censuram P^2*H* : censu P^1 *om.* *GE* || consules *PHG* : -l *E* || ferro *HGE* : ferre P^1 fe=re P^2 || domus *P* : domos *HGE* || inscripsit *in ras.* *P* || patriam *PGE* : -ia *H* || quid quae *P* : quidque *GE* queque *H*.

59. libere *PHE* : liber esse *G* || uolutatus *HGE* : uolatus P^1 uiolatus P^2 || charybdim *G* : charib- *PHE*^{3} charrb- E^2 charrb E^1 || possit *om.* *P* || byzantiorum *G* : biz- *PHE* || brogitarorumque *H* : -atorumque *P* largitano- *GE* || scyllam *PG* : scil- *HE* || ieiunis *PH* : ieumis *G* -niis *E* || istum *PHG* : ius- *E* || gelliis *G* : -lis *PH* gal- *E* || clodiis *HE* : cloeliis *PG*.

La stabilité de la république.

60. C'est pourquoi, selon la dernière prescription contenue dans la réponse des haruspices, veillez bien à éviter « que le fondement de la république ne soit bouleversé ». En effet, à peine pourrons-nous, si nous l'étayons de tous côtés quand elle menace ruine, à peine, dis-je, pourrons-nous, en la soutenant de toutes nos épaules, assurer sa cohésion. XXVIII. Il fut un temps où cette cité était assez ferme et assez vigoureuse pour pouvoir supporter la négligence du Sénat ou même les outrages des citoyens [1]. Elle ne le peut plus : le trésor est vide, les impôts ne rentrent pas dans les caisses des adjudicataires [2], l'autorité des dirigeants est abattue, l'accord des ordres [3] est rompu, les tribunaux ont péri, les bulletins distribués [4] sont aux mains d'un petit nombre, les bons citoyens ne seront plus prêts à suivre un signe de notre ordre sénatorial, vous chercherez en vain désormais un citoyen qui brave la haine pour le salut de la patrie [5]. **61.** C'est pourquoi, le régime actuel, quel qu'il soit, ne peut être maintenu par nous que dans la concorde ; une amélioration de notre situation ne peut même pas être souhaitée s'il reste, lui, impuni [6] ; une aggravation de notre état nous fait descendre aussitôt à la mort ou à la servitude. Pour nous empêcher d'y tomber, les dieux nous donnent des avertissements, puisque depuis longtemps les conseils humains ont succombé. Et pour ma part, pères conscrits, je n'aurais pas assumé la tâche d'un discours aussi sombre et aussi sérieux — non pas que je ne dusse ni ne pusse soutenir ce rôle et cette cause en raison des honneurs

1. La même idée est exprimée par Salluste, *Cat.*, 53.
2. Cf. § 1 ; 58.
3. L'ordre sénatorial et l'ordre équestre.
4. Pour les votes aux comices ; cf. *Sen.*, 18 ; *Ad Att.*, I, 14, 5.
5. Sur cette pénurie d'hommes, cf. *De Rep.*, V, 2.
6. Clodius ; cf. § 4.

60. Quare, id quod extremum est in haruspicum responso, prouidete « ne rei publicae status commutetur » Etenim uix haec, si undique fulciamus, iam labefacta, uix, inquam, nixa in omnium nostrum umeris, cohaerebunt. XXVIII. Fuit quondam ita firma haec ciuitas et ualens ut neglegentiam senatus uel etiam iniurias ciuium ferre posset. Iam non potest : aerarium nullum est, uectigalibus non fruuntur qui redemerunt, auctoritas principum cecidit, consensus ordinum est diuolsus, iudicia perierunt, suffragia descripta tenentur a paucis, bonorum animus ad nutum nostri ordinis expeditus iam non erit, ciuem qui se pro patriae salute opponat inuidiae frustra posthac requiretis. **61.** Quare hunc statum qui nunc est, qualiscumque est, nulla alia re nisi concordia retinere possumus ; nam ut meliore simus loco, ne optandum quidem est illo impunito ; deteriore autem statu ut simus, unus est inferior gradus aut interitus aut seruitutis. Quo ne trudamur, di immortales nos admonent, quoniam iam pridem humana consilia ceciderunt. Atque ego hanc orationem, patres conscripti, tam tristem, tam grauem non suscepissem, non quin hanc personam et has partis, honoribus populi Romani, uestris plurimis ornamentis mihi tributis,

60. quod *HG* : cum *P* *om.* *E* || responso *recc.* : -su *P* -sis *H* -sum *GE* || labefacta *HGE* : lamb- *P* || umeris *om.* *P*¹ || quondam ω : quodam *P*¹ || ciuium *om.* *P*¹ || nullum *PHG* : nudum *E* || consensus ω : -um *P*¹ || descripta *HGE* : dis- *P* || ciuem *PHG* : ciuis *E* || inuidiae *PHG* : -am *E*.

61. nulla *HGE* : n- est *P*¹ est n- *P*² || meliore *PHE* : -res *G* || autem *P* : a- ut *H* h. *G* enim *E* || di *P*²*GE* : dii *H* de *P*¹ || nos *om.* *G* || atque *P*²*H* : adque *P*¹ at *GE* || tam tristem *PHG* : tr- *E* || quin *PGE* : inquam nisi *H*.

que j'ai reçus du peuple romain et des si nombreuses distinctions que vous m'avez attribuées [1] ; cependant, devant le silence des autres, je me serais facilement tu. Mais tout ce discours ne relève pas de ma propre autorité ; il émane de la religion publique. Les paroles sont miennes, trop nombreuses peut-être, mais toutes les idées appartiennent aux haruspices, auxquels ou bien il ne convenait pas de soumettre les prodiges annoncés ou bien il est nécessaire d'obéir sous le choc de leurs réponses. **62.** Si d'autres signes plus répandus et plus légers nous ont souvent émus, la voix même des dieux immortels [2] ne frappera-t-elle pas tous les esprits ? N'allez pas croire, en effet, que puisse arriver ce que vous voyez souvent se produire dans les pièces de théâtre [3], que quelque dieu descende du ciel pour se mêler aux réunions des hommes, vivre sur terre, converser avec les humains. Réfléchissez à la nature du bruit que les habitants du Latium ont annoncé [4], rappelez-vous ce fait même qui n'a pas encore donné lieu à un rapport, l'annonce d'un tremblement de terre épouvantable survenu à peu près au même moment dans le Picenum, à Potentia [5], avec un grand nombre de phénomènes terribles [6]. Ces mêmes malheurs dont nous apercevons la menace [7] vous rempliront assurément d'effroi. **63.** En effet, c'est la voix des dieux immortels, c'est presque leur discours qu'il faut reconnaître, quand le monde lui-même, quand les campagnes et les terres [8] sont ébranlées d'un mouvement extraordinaire et annoncent

1. Cf. § 58 ; *Dom.*, 76.
2. Cf. § 63 ; *Cat.*, III, 22.
3. Cf. § 39.
4. Cf. § 20 ; 23. Intr., p. 14.
5. En Italie centrale, sur la côte adriatique.
6. Le texte des manuscrits peut être conservé : cf. *De Or.*, I, 91 *innumerabilis quosdam*. Ovide, *Mét.*, XV, 24 *multa ac metuenda.*
7. Même expression *De Rep.*, I, 45 ; cf. aussi *Tusc.*, V, 96.
8. Ce redoublement est admissible dans un passage oratoire.

deberem et possem sustinere ; sed tamen facile, tacentibus ceteris, reticuissem. Sed haec oratio omnis fuit non auctoritatis meae, sed publicae religionis ; mea fuerunt uerba, fortasse plura, sententiae quidem omnes haruspicum, ad quos aut referri nuntiata ostenta non conuenit aut eorum responsis commoueri necesse est. **62.** Quodsi cetera magis peruolgata nos saepe et leuiora mouerunt, uox ipsa deorum immortalium non mentis omnium permouebit ? Nolite enim id putare accidere posse, quod in fabulis saepe uidetis fieri, ut deus aliqui, delapsus de caelo, coetus hominum adeat, uersetur in terris, cum hominibus conloquatur. Cogitate genus sonitus eius quem Latinienses nuntiarunt, recordamini illud etiam quod nondum est relatum, quod eodem fere tempore factus in agro Piceno Potentiae nuntiatur terrae motus horribilis cum quibusdam multis metuendisque rebus. Haec eadem profecto quae prospicimus impendentia pertimescetis. **63.** Etenim haec deorum immortalium uox, haec paene oratio iudicanda est, cum ipse mundus, cum agri atque terrae motu quodam nouo contremescunt et inusitato aliquid

61. mea P^2 : meae ω || omnes *E* : omnis P^1*HG* ominis P^2 || aut referri *PHE* : aure- *G*.

62. cetera P^2*H* : cera P^1 scelera *GE* || permouebit *PE* : -itur *HG* || uidetis *PGE* : -ētis *H* || aliqui *HG* : -is *E* -id *P* || delapsus *PGE* : l- *H* || de *P* : e *HGE* || conloquatur *PGE* : colloca *H* || genus ω : genitus G^1 || illud etiam *PHG* : e- i- *E* || factus Ω : factum *edd.* || terrae ω : ter P^1 || multis Ω, *Koch* : monstris *Mueller, A. Klotz* || rebus *om.* P^1 || prospicimus *P* : -ciamus *HG* proitiamus *E* || impendentia *PGE* : impud- *H*.

63. p(a)ene *HGE* : poene *P* || cum ipse *PHG* : cumque i- *E* || agri *P* (*in ras.*) *HG* : -is *E* aer *Garatoni* maria *Jeep* || terrae Ω : tecta *Sydow* || motu Ω : sonitu *Sydow* || contremescunt *PG* : -miscunt *HE* || aliquid sono *PH* : s- a- *GE*.

quelque événement par un bruit insolite et incroyable. En ce cas, nous devons décider des cérémonies expiatoires et propitiatoires [1], comme on nous le prescrit. Mais il est facile d'adresser des prières à ceux qui nous montrent d'eux-mêmes le chemin du salut ; ce sont nos ressentiments et nos discordes que nous devons entre nous apaiser [2].

1. Telles que *supplicatio, lustratio, lectisternium.*
2. Les deux dernières phrases se terminent par la même clausule (crétique + spondée), que précède dans la seconde une suite de spondées : ce rythme solennel renforce l'exhortation pathétique.

sono incredibilique praedicunt. In quo constituendae nobis quidem sunt procurationes et obsecratio, quemadmodum monemur. Sed faciles sunt preces apud eos qui ultro nobis uiam salutis ostendunt ; nostrae nobis sunt inter nos irae discordiaeque placandae.

63. quidem sunt *PGE* : s- q- *H*.

M. TULLI CICERONIS DE HARUSPICUM RESPONSIS EXPLICIT *P* : Expł DE RESPONSIS ARVSPICVM *H om. GE.*

CORRIGENDA

Apparat

P. 33, § 2, l. 2 : corriger « simul ac *E* » en « simul ac *G* »

P. 33, § 2, l. 3 : corriger « *Petersen* » en « *Peterson* »

P. 36, § 6, l. 4 : corriger « uinci » en « uinciri »

P. 42, § 16, l. 4 : corriger « *Palmer* » en « *Palmier* »

P. 63, § 43, l. 4 : corriger « *Baiter* » en « *Garatoni* »

P. 72, § 55, l. 1-2 : corriger en « inconsideratissime *H* : inconsiderantissimae *cett.* »

P. 76, § 62, l. 4-5 : corriger en « factus *edd.* : factum Ω »

INDEX NOMINVM IN QUATTVOR ORATIONIBVS POST REDITVM (T. XIII, 1 et 2).

Ce volume,
de la Collection des Universités de France,
publié aux Éditions Les Belles Lettres,
a été achevé d'imprimer
en novembre 2002
sur presse rotative numérique
de Jouve
11, bd de Sébastopol, 75001 Paris

N° d'édition : 4397
Dépôt légal : novembre et décembre 2002

Imprimé en France